Das Buch

»Die Liebe zu finden ist schwer genug. Sie dann auch noch über lange Zeit hinweg am Laufen zu halten scheint fast unmöglich. Wie können zwei so unterschiedliche Spezies wie Mann und Frau einander entdecken und erobern, sich miteinander arrangieren und immer wieder zusammenraufen und dann, als Krönung des Ganzen, dabei auch noch glücklich sein?« Die *Cosmopolitan*-Autoren Jurate Baronas und Gernot Gricksch haben über diese ewige Frage nachgedacht. Intensiv. Und festgestellt, dass es mit der großen Liebe nur klappen kann, wenn einer den anderen wirklich versteht. Na ja, so gut Männer und Frauen einander eben verstehen können. Und dass man ehrlich ausspricht, was man denkt.
Eine charmante und kurzweilige Lektüre, die zeigt, dass Amors Irrungen und Wirrungen trotz allem Spaß machen und die große Liebe nicht verhindern können.

Die Autoren

Jurate Baronas, Jahrgang 1970, ist Redakteurin bei der Zeitschrift *Cosmopolitan* im Ressort »Liebe und Leben«. Sie lebt in München.

Gernot Gricksch, Jahrgang 1964, ist Kolumnist und Kinokritiker für diverse Zeitschriften, u. a. für *Cosmopolitan*, und Autor mehrerer Romane, u. a. *Die denkwürdige Geschichte der Kirschkernspuckerbande* und *Freilaufende Männer*.

JURATE BARONAS
mit GERNOT GRICKSCH

LESSONS IN LOVE

Wie Mann und Frau die große Liebe finden

Ullstein

Besuchen Sie uns im Internet:
www.ullstein-taschenbuch.de

Umwelthinweis:
Dieses Buch wurde auf chlor- und säurefreiem Papier gedruckt.

Originalausgabe im Ullstein Taschenbuch
1. Auflage April 2007

Umschlaggestaltung: Büro Hamburg
Titelabbildung: getty images/CSA Plastock
Gesetzt aus der Sabon
Satz: Pinkuin Satz und Datentechnik, Berlin
Druck und Bindearbeiten: Ebner & Spiegel, Ulm
Printed in Germany
ISBN 978-3-548-36840-5

INHALT

Vorwort

Die Liebe zu finden ist schwer genug. Sie dann auch noch über lange Zeit hinweg am Laufen zu halten scheint fast unmöglich. Wie können zwei so unterschiedliche Spezies wie Mann und Frau einander entdecken und erobern, sich miteinander arrangieren und immer wieder zusammenraufen und dann, als Krönung des Ganzen, dabei auch noch glücklich sein?

Wir haben über diese ewige Frage nachgedacht. Intensiv. Und festgestellt, dass es mit der großen Liebe nur klappen kann, wenn einer den anderen wirklich versteht. Na ja, so gut Männer und Frauen einander eben verstehen können. Und dass man ehrlich ausspricht, was man denkt.

Wir beide sind das beste Beispiel, dass es funktionieren kann: Wir haben uns für dieses Projekt gefunden, beim Konzept arrangiert, beim Schreiben und Diskutieren immer wieder zusammengerauft, und daraus ist schließlich dieses Buch entstanden. Wir sind aufrichtig glücklich damit. Und das, obwohl wir beide unterschiedlicher kaum sein könnten. Jurate ist eine Frau, Gernot ein Mann. Sie lebt in München, er in Hamburg. Sie ist Single, er ist seit langer Zeit glücklich verheirateter Familienvater. Wir beide haben verschiedene Interessen und Geschmäcke und sehen das Leben in zahlreichen Punkten auf höchst unterschiedliche Weise.

Sie, liebe Leserin oder lieber Leser, bekommen also aus zwei sehr verschiedenen Perspektiven Antworten auf viele wichtige zwischenmenschliche Fragen. Wir hoffen, dass Sie dadurch ein paar wertvolle und ungewöhnliche Denkanstöße bekommen. Womöglich sehen Sie am Ende dieses Buches sogar einige Dinge klarer. Wir hoffen aber auch, dass Sie Spaß beim Lesen haben. Denn dies ist kein psychologisches Lehrbuch, keine soziologische Studie und kein trockener Lebensratgeber. Es ist ein hoffentlich unterhaltsamer Gedankenaustausch über die Liebe, das Leben und die hohe Kunst des Glücklichseins.

Jurate Baronas und Gernot Gricksch

ERST EINMAL DIE LIEBESLAGE CHECKEN

Warum bin ich noch allein?

Sie sagt: Es liegt an den Frauen.

Nach den Jahrzehnten der Emanzipation haben wir uns alle Freiheiten genommen: eine gute Ausbildung gemacht, viel gearbeitet und ausprobiert, wie weit hinauf wir überhaupt kommen. Beziehungen angefangen und beendet, auf den Richtigen gewartet und uns mit den Falschen die Zeit vertrieben. Jetzt sind wir Anfang bis Mitte dreißig, erfolgreich, liebes- und lebenserfahren – und allein. Aber warum? Sind unsere Ansprüche mit Bildung und Beziehungshopping ins Unermessliche gewachsen?

Das Problem scheint eher das mager gewordene Angebot zu sein. Es gibt immer mehr hochqualifizierte Frauen, während die Anzahl der Männer mit höherem oder gleichem Bildungsniveau laut Statistik sinkt. Trotz dieser Schieflage lieben Singlefrauen selten »abwärts« – vielleicht, weil es gesellschaftlich nach wie vor nicht goutiert wird, wenn die Ärztin den Pfleger ehelicht, die Chefsekretärin den Barkeeper. Ist doch nur die erotische Anziehungskraft zwischen einer Alpha-Frau und einem Beta-Männchen, lästern böse Zungen dann. Na und? Weiblicher Erfolg macht eben sexy. Und Angst.

Eine Menge Männer würden es noch immer nicht verkraften, von ihrer Partnerin beruflich überflügelt zu werden. Sie orientieren sich intellektuell deshalb lieber gleich nach unten.

Anders die sogenannten modernen Männer, die von sich behaupten, mit der Auflösung traditioneller Rollenbilder kein Problem zu haben: Auf die Versorger-Ehe pfeifen sie und genießen die ökonomische Entlastung im gemeinsamen Haushalt. Mit der Partnerin gemeinsam haushalten und Kinder erziehen tun sie trotzdem nicht. Mal ehrlich, sind das starke Typen oder Weicheier, die fortschrittlich denken statt handeln? Die Erfahrung lehrt: Dazwischen liegt eine feine Grenze.

Wir wollten immer einen, zu dem wir aufschauen können. Kommt der noch? Oder haben wir den Moment verpasst, wo man »einfach macht«, Mut zum Makel hat, Prioritäten setzt? Wo man aufhört zu überlegen: Ist der jetzt der Beste, Schönste, Intelligenteste, Bedeutendste von allen? Wir wünschen uns jetzt was: Wir wollen einen Mann, der uns gewachsen ist. Einen, der mutiger und freier ist als die anderen, weil er eine gute Partnerschaft danach definiert, ob beide miteinander vorankommen können. Davon hängt nicht ab, wer den besseren Titel, das höhere Gehalt, das größere Büro hat – oder zu Hause bei den Kindern bleibt. Bei diesem Mann hören wir endlich auf zu glauben, dass wir alle Freiheiten haben. Wer nicht länger allein sein will, muss sich entscheiden.

Es liegt an den Männern.

Auch sie müssen sich entscheiden: Wollen sie cool sein wie John Wayne oder einen Kinderwagen durch den Park schieben? Wir Frauen erwarten beides, aber das schaffen die Männer nicht. Sie irrlichtern lieber wie die einsamen Wölfe umher, selbst wenn sie die Liebe ihres Lebens gefunden haben. Kürzlich trennte sich meine Freundin Marie nach dreieinhalb Jahren von Philipp. Er konnte auf ihre Fragen, wie es mit ihnen weitergehe und ob er Kinder haben wolle, nur gequält gucken.

Marie sagt jetzt, dass man Pudding (also Philipp) halt nicht an die Wand nageln kann. Philipps Lebensprinzip ist das Abwarten. Falls er überhaupt etwas will, dann mit Marie einfach ewig vor sich hin leben, das geht ja auch.

Diese Tendenz zum »schicksalslosen Leben«, wie es der Psychologe und Medienforscher Stephan Grünewald nennt, ist ein weitverbreitetes Phänomen unter Männern zwischen dreißig und vierzig. Sie sind die Enkel und Söhne derer, die in den Krieg zogen oder sich für ihre Karriere opferten. Von diesen Männerbildern haben sie sich verabschiedet, zum Glück. Doch offenbar konnte die mittelalte Generation keine neue und positive Identität entwickeln, ganz zu schweigen von dem Mut, unbekannte Wege zu gehen. Marie ist jetzt wieder eine von den mehr als 14 Millionen Singles in Deutschland. Fragt sich hier noch jemand, warum? Philipp vielleicht? Nein, der ist zu beschäftigt damit, sich selbst leidzutun und Marie anzuheulen, anstatt um sie zu kämpfen und die Konsequenzen einer großen Entscheidung zu tragen.

Liebe Männer, wenn ihr euch etwas wünschen könntet, was wäre das?

Wir wissen es eben nicht.

Er sagt: Es ist ein uraltes Klischee, dass Männer gar keine feste Beziehung haben wollen. Klar: So ein paar einsame Wölfe, die sich selbst schon fast zu viel sind, rennen da draußen durchaus herum. Im Regelfall aber wollen auch wir Kerle bloß Halt und Geborgenheit. Wir wollen die Hälfte von zwei sein. Wirklich. Nur: Wir wollen es nach unseren eigenen Spielregeln.

Mit einer Frau zusammenzuleben hat für uns Männer stets auch ein bedrohliches Element. Wir sind bekanntlich alle bloß große Jungs. Selbst wenn wir irgendwann einsehen, dass wir unser Spielzimmer aufräumen müssen – eine kleine Tobe-Ecke wollen wir partout behalten. Das heißt nicht, dass wir regelmäßig unsere Partnerin betrügen wollen, planen, allein mit einem Einhänder durchs Kaspische Meer zu schippern, oder ein paar wirklich große Geheimnisse für uns behalten müssen. Wir wollen einfach nur manchmal unlogisch, doof und ein ganz klein bisschen frei sein. Wenn wir regelmäßig nachts um drei besoffen mit unseren Kumpels nach Hause kommen, um noch ein bisschen mit der Playstation zu ballern, dürft ihr gerne sauer sein. Aber zwei-, dreimal pro Jahr muss so was schon drin sein.

Eigentlich sind wir ja ganz lieb, und je länger wir in einer Beziehung leben, desto ruhiger und entspannter werden wir, desto besser können wir vermeintliches Klammern als echte Zuneigung erkennen. Doch wenn wir nach dem dritten Mal Sex schon Andeutungen zu hören bekommen, was wir an unserem Äußeren, an unserer Wohnung, an unserem ganzen Leben ändern sollten, setzt unser natürlicher Fluchtinstinkt ein. Wir wollen zappeln können, während wir umarmt werden. Das erfordert eine ganz besondere Frau. Und die zu finden, naja, das dauert eben. Und bis dahin sind wir – egal, wie viele One-Night-Stands wir auch haben mögen – allein.

Ein anderer, viel simplerer Grund, warum ein Mann noch Single sein kann, ist so profan, dass man es kaum fassen kann: Schüchternheit! Frauen ahnen ja gar nicht, wie viele eloquente, vermeintlich lockere und scheinbar souveräne Kerle tief in ihrem Innersten furchtbar unsicher und ängstlich sind! Zumindest, wenn sie glauben, die Frau ihnen gegenüber könnte mehr als ein potentielles Abenteuer sein. So mancher Flirt hätte womöglich eine glückliche Langzeitbeziehung werden können, wenn die Frau den ersten Schritt getan hätte.

Weshalb verliebe ich mich immer in die Falschen?

Sie sagt: In den Liebeslehrjahren folgen wir unserem Spieltrieb und den Hormonen. Da können uns nur böse Buben geben, was wir uns wünschen. Abenteuer! Wahnsinnssex! Eine Scheiß-drauf-Haltung! Mit Anfang, Mitte dreißig ist die Experimentierphase zu Ende, und nun sind wir bereit, uns für die Guten zu entscheiden. Das können wir dann auch, weil wir zufriedener sind mit uns selbst.

Bis dahin ist der Weg mit beziehungsabträglichen Partnern gepflastert. Diese Männer sind nicht nur das, was wir brauchen. Diese Männer sind das, was wir uns nicht zu sein trauen, und oft das genaue Gegenteil von uns selbst. Risikobereit zum Beispiel, unangepasst oder einfach nur mit einem fulminanten Selbstbewusstsein ausgestattet. Dieser Wahl nach dem Gegensatz-Prinzip liegt laut Experten eine »psychische Dynamik« zugrunde: »Die Partner brauchen einander, um nicht das entwickeln zu müssen, wovor sie jeweils Angst haben«, so die Psychologin Eva Wlodarek. Oft mache dies sogar zum wesentlichen Teil die Anziehungskraft aus, schreibt sie in ihrem Ratgeber »Den Richtigen finden«. Dahinter steckt die Sehnsucht nach Selbsterweiterung und eine Unerfahrenheit mit seelischen Dingen. Die wenigsten von uns wissen in den ersten Beziehungen wirklich, was sie von einem Partner brauchen: Die Ehrgeizige sucht den Lebenskünstler, da sie sich unbewusst weniger inneren Druck und mehr Freiräume ersehnt. Die Rastlose den Stubenhocker, da sie an beiden Enden brennt und sich einen Ruhepol wünscht. Das kann alles gutgehen und beide passen sich nach und nach der Welt des anderen an, doch häufiger reiben sich Gegensatz-Paare im Alltag aneinander auf. Die Ehrgeizige verliert den Respekt, weil der Lebenskünstler zwar immer nur macht, was er wirklich will, aber nichts wirklich auf die Reihe bringt. Die Rastlose sorgt mit ihrem dauernden Aktionismus beim Stubenhocker dafür, dass er sich noch mehr abschottet, von der Außenwelt und im Inneren vor allem von ihr.

Was aber tun, wenn man wieder und wieder den gleichen Typus Mann wählt und in die immer gleichen Konflikte gerät? Es ist ein wichtiger Schritt, konsequent zu Ende zu denken, was man von diesen Männern will. Faszinieren Sie grundsätzlich solche Männer, die völlig anders sind als Sie? Warum regt Sie mit der Zeit am meisten auf, was zu Beginn das Reizvollste war? Wenn Sie seine Lebensweise betrachten: Worum beneiden Sie ihn? Können Sie sich vorstellen, bestimmte Eigenschaften von ihm selbst auszuleben?

Manchmal sind nur wenige Schritte nötig, um sich in die ersehnte Richtung zu entwickeln. Yogastunden für die Ehrgeizige, die sie entspannter im Denken und Handeln werden lassen. Meditation für die Rastlose, die lernt, sich selbst ein Ruhepol zu sein. Strengen Sie sich an, das zu sein, was Sie *auch* sind! Hat man sich auf unbekanntes Terrain gewagt und sogar Erfolgserlebnisse dabei, wird einem klar, was man tatsächlich in einer Beziehung braucht – ähnliche Werte und Vorstellungen vom gemeinsamen Leben zum Beispiel, den gleichen Humor. Dann verliebt man sich nicht mehr in eine Projektionsfläche für die eigenen Sehnsüchte, sondern in einen Menschen, der einem ein ganzer Partner sein kann.

Der Falsche mag ein Schlüssel zu einem Schloss in der Seele sein, aber nicht zu einer dauerhaft glücklichen Partnerschaft. Es ist trotzdem in Ordnung, sich das zu wünschen. Glauben Sie ruhig erst einmal daran, Ihr Traum, dass Ihr Partner etwas von Ihnen annimmt und Sie von ihm, könne wahr werden. Wenn man nicht einmal in der Liebe hoffen darf, wo dann? Geht es schief, bleibt dieser Mann für immer jemand Besonderes in Ihrem Leben. Wie sonst hätten Sie Ihr Herz an ihn verlieren können? Das darf man nie in Frage stellen.

Er sagt: Noch ein altbekanntes Klischee: Männer können besser gucken als denken und fixieren sich bei der Suche nach einem weiblichen Gegenstück allzu sehr aufs Äußerliche. Diese scheußliche Unterstellung ist bedauerlicherweise wahr. Wir tendieren dazu, Frauen wie Überraschungseier zu betrachten: Wir wollen etwas zum Naschen, etwas zum Spielen und eine tolle Überraschung obendrein. Letztere besteht dann meistens darin, dass wir bei unserer oberflächlichen Wahl nicht einmal das kleinste bisschen darauf geachtet haben, ob das Herz unter dem tollen Busen oder das Gehirn hinter dem wunderschönen Gesicht mit uns überhaupt kompatibel ist.

Wir lassen uns blenden. Frauen wissen, was uns anmacht. Sie wissen, wie sie uns erotisch anlocken können, sie finden meist diese unwiderstehliche Balance zwischen Babe und Kumpel. Sie becircen. Das machen sie großartig. Doch so gut sie auch die Kunst der

Verführung beherrschen, irgendwann bemerken wir, dass etwas fehlt. Wir haben uns eine Verpackung ausgesucht, keinen Inhalt. Also ziehen wir frustriert weiter. Und natürlich landen wir irgendwann bei der nächsten Circe, nur um am Ende wieder diese bedauerliche Leere zu spüren. Und während wir so herumschwirren, sporadisch eingefangen und dann wieder aus dem Netz geschüttelt werden, entgeht uns womöglich die potentiell große Liebe. Denn wegen unseres Tunnelblicks bemerken wir sie nicht: die warmherzigen, intelligenten, aufregenden Frauen, die längst kapiert haben, dass Schönheit und Sexappeal Männer zwar einfangen, aber niemals halten können, und sich nicht taktisch klug präsentieren, sondern geduldig auf jene smarten Kerle warten, die auch so erkennen können, wie eine Klassefrau aussieht.

Woran merke ich, dass ich noch nicht bereit bin für eine ernsthafte Beziehung?

Sie sagt: Wenn Sie froh sind, dass Sie tun und lassen können, was Sie wollen, dass Ihnen bei der Wahl des nächsten Urlaubsziels niemand reinredet und kein anderer Ihre Wohnung verschmutzt – laut einer Forsa-Umfrage unter mehr als eintausend Singlefrauen sind dies nur einige Vorteile, die sie am Alleinsein schätzen. 81 Prozent der Befragten gaben an, auch ohne Mann glücklich zu sein. Von Einsamkeit und Verzweiflung scheinbar keine Spur. Kann das Vermeidenwollen von Mikrostressoren ein Grund für fehlende Bindungsbereitschaft sein? Aus eigener Erfahrung weiß ich: Leider ja. Zumindest, sobald die Solophase wieder länger dauert und die Schrulligkeiten wuchern können. Trotzdem ist da diese Sehnsucht, die einen nachts wach liegen lässt. Das peinigende Gefühl, es nicht auf die Reihe zu bringen mit der Liebe. Die Angst, endgültig auf dem Singlemarkt zu stranden und nie wirklich geliebt zu haben. Glückliche Singles sind ein Mythos.

Die schönste Beziehung existiert bei uns allen in der Phantasie. Dort gibt es den idealen Partner, mit dem man wilde Gespräche führen, wilde Abenteuer erleben und wilden Sex haben kann. Irgendwann entscheiden sich die meisten Menschen für eine Beziehung, die für das Leben taugt. Mit einem, den man liebt, weil man mit ihm im Restaurant gemütlich vor sich hin kauen kann, anstatt wilde Abenteuer zu erleben, weil man gemeinsam vor dem Fernseher einschläft, anstatt wilden Sex zu haben, und die Alltagssorgen teilt, anstatt wilde Gespräche zu führen. Es sind folglich zwei Entscheidungen, die man treffen muss, um für eine ernsthafte Beziehung bereit zu sein: erstens *gegen* ein Traumgebilde und zweitens *für* einen bestimmten Menschen, der Macken hat und fehlerhaft ist.

Manchmal klappt es nicht mit einer ernsthaften Beziehung, weil man noch nicht auf Augenhöhe lieben kann. Auf Augenhöhe zu lieben bedeutet, in einer Partnerschaft liebevoll mit sich selbst zu sein und die eigenen Bedürfnisse zu achten. Auf Augenhöhe zu lieben bedeutet auch, die Liebe eines anderen Menschen annehmen zu können. Evolutionär sind wir darauf gepolt, alles dafür zu tun, damit es uns auf dieser Welt gut geht. Bereits während der Kontaktaufnahme versuchen wir Verhaltensforschern zufolge herauszufinden, ob wir Freund oder Feind vor uns haben. Leider scheinen viele Frauen das bei bestimmten Typen zu vergessen: Sie reden sich dann einen Mann schön, der bereits vergeben ist, emotional unnahbar oder schlicht nicht ernsthaft an ihnen interessiert. Und sie beziehen es auch noch auf sich, wenn sich die Kerle von Anfang an schafsdumm benehmen – nicht anrufen, nur in der Horizontalen ein bisschen nett sind, keinen Finger krumm machen für die Beziehung oder gar nicht erst dazu stehen. Dabei ist weniger das männliche Arschverhalten das Problem, sondern die unbewusste Ansicht vieler Frauen, genauso viel Aufmerksamkeit und Wertschätzung zu verdienen. Oft steckt dahinter der Gedanke: Wenn ich diesen tollen Typen kriege, bin ich endlich etwas wert. Aber weshalb sollte der Kerl sich anders verhalten, wenn alles prima läuft für ihn und die Frau ihm keine Grenzen setzt? Selbst im höchst unwahrscheinlichen Fall, dass er einen Sinneswandel durchmacht, würde doch stets der leise Zweifel an ihr nagen, ob er bedingungslos zurückliebt. Wie sie zudem den unterschiedlichen Umgang mit Vertrauen, Verantwortung und Respekt und eine gemeinsame Zukunft unter einen Hut bringen soll, steht auf einem ganz anderen Blatt.

Von außen sagt es sich immer leicht, aber ich kann dennoch nur empfehlen, das zu tun, was in dieser Lage das Beste ist: Schluss machen mit den aussichtslosen Beziehungen, Abstand gewinnen und sich für eine Weile Selbstsicherheit und Bestätigung aus anderen Quellen holen. Im Job zum Beispiel, bei Freunden oder – am allerbesten – bei sich selbst. Finden Sie sich ebenso spannend, einzigartig und interessant wie die Männer, in die Sie sich verlieben. Diese positive Selbstverliebtheit schließt Ihre Persönlichkeit, Ihr Leben und alle, die darin sind, mit ein. Engagieren Sie sich stärker in Ihren Familien- und Arbeitsbeziehungen. Erstere gehören zu Ihrer Herkunft und bestärken Ihre Identität. Mit den Kollegen wiederum verbringen Sie die meiste Zeit des Tages, und wenn Sie mit ihnen positive, gutgelaunte

Arbeitstage erleben, fühlen Sie sich ein wenig mehr angenommen von der Welt.

Wer sich selbst ehrlich mag, hat keine Angst vor dem Moment, in dem aus einer großen Leidenschaft eine normale, lebbare Beziehung wird. Weil er sich unverstellt zeigen kann und dies auch dem anderen zugesteht. Dann ist vielleicht das Bad dreckig, die nassen Handtücher liegen in der Ecke und seine Barthaare im Waschbecken. Dann geht's im Urlaub eben zum Trekking nach Alaska anstatt ins geliebte Italien. Dann gibt es aber auch jemanden, der einem das Bett jede Nacht anwärmt und, wenn man krank wird, eine Hühnersuppe kocht. Nichts ist zu blöd oder banal, wenn zwei Menschen einander mit den Augen der Liebe sehen.

Er sagt: Es könnte ja sein, dass es ganz einfach ist: Eines Tages trifft man SIE, die eine, die Wahre! So hat es sich noch nie angefühlt, einer Frau in die Augen zu schauen! Ja, das ist die Frau, die man unbedingt haben will, für die man alles tut, für die man sogar auf liebgewordene Marotten verzichtet. Wenn man es tatsächlich geschafft hat, dieses Wunder von Frau zu erobern, schaut man für den Rest seines Lebens keine andere mehr an. Kate Winslet könnte vorbeikommen und sich gurrend an uns schmiegen, Alexandra Maria Lara könnte sich mit einem Hauch von Nichts bekleidet an die Türfüllung unseres Schlafzimmers lehnen. Wäre uns wurscht! Völlig egal! Wir sind ja versorgt – wir haben sie gefunden: die Frau, die uns wie durch ein Wunder beziehungstauglich gemacht hat. Die Frau, für die wir im Sitzen pinkeln, ohne dass sie uns auch nur dazu auffordern muss. Die Frau, mit der wir selig lächelnd ins blöde

Italien fahren, anstatt weiterhin mit unseren Kumpels unsere abenteuerlichen Trekking-Touren durch Alaska zu machen. Die Frau, für die wir sogar unter dem Sofa und in den Ecken saugen!

Solange aber diese Frau nicht auftaucht und wie eine Naturgewalt über uns hereinbricht, so lange sind wir einfach noch nicht so weit. Bis Superwoman tatsächlich kommt, dürfen wir getrost promiske Schlurfis und emotionale Terroristen sein. Ist ja nicht unsere Schuld. Das ist eben genetisch.

Hallo! Aufwachen! Selbst unverbesserlichen Romantikern wie mir, die tatsächlich an Liebe auf den ersten Blick und an so etwas wie Seelenverwandtschaft glauben, sollte klar sein, dass die männliche Fähigkeit zu einer ernsthaften Beziehung nicht zwangsläufig etwas mit der jeweiligen Partnerin zu tun hat. Es geht vor allem um Erfahrung, Reife, Selbsterkenntnis – und um Zeit. Ganz nebenbei: Wenn Kate Winslet uns anbaggern würde, käme der Verliebteste und Treueste von uns ins Schwimmen.

Mädchen versorgen schon als Zweijährige ihre Babypuppen, feiern als Vierjährige Barbie-Hochzeit und kritzeln vor dem Erreichen des achtzehnten Lebensjahrs durchschnittlich eine Million zweihunderttausend Herzchen in Malbücher, Schulhefte und Poesiealben. Mädchen wollen ganz offensichtlich einen Partner und eine Familie. Ob diese Art von Lebensideal in der weiblichen DNA steckt oder durch Erziehung und gesellschaftliche Normen geprägt wird, ist unerheblich. Wichtig ist nur, dass der Großteil der weiblichen Bevölkerung von klein auf offenbar darauf ausgerichtet ist, eine feste Beziehung einzugehen.

Jungs? Die kratzen schon als Windelträger mit Spielzeugautos die Kurve, wollen beim Fußball die Tore schießen, ohne abzugeben, ziehen mit Blechsoldaten in den Krieg und schießen mit Erreichen der Playstation-Phase durchschnittlich einer Million zweihunderttausend Lebewesen, die ihnen zu nahe kommen, ohne eine Sekunde zu zögern die Rübe weg. Wenn Männer eine Beziehung eingehen, folgen sie im Gegensatz zu vielen Frauen nicht ihrer Berufung. Nein, sie überwinden sich. Sie überreden sich. Sie sagen: Okay, probier ich's eben mal aus.

Beim ersten Anlauf klappt das fast nie. Beim zweiten im Allgemeinen auch nicht. Nummer drei bis sieben sind ebenfalls selten von Erfolg gekrönt. Erst nach einer relativ langen Zeit haben wir a) genug Sex mit genug verschiedenen Frauen gehabt, um uns keine grundlegenden Versäumnisse einbilden zu müssen, und b) schmerzhaft die selbstkritische Erkenntnis gewonnen, dass nicht alle weiblichen Wesen, mit denen es nicht geklappt hat, neurotische Nervensägen waren. Nein, auch wir können durchaus ganz schöne Egomanen, Ignoranten und Arschlöcher sein.

Das ist er dann, der Moment, in dem wir erkennen, dass man an Beziehungen tatsächlich arbeiten muss. Dass man nur mit einem anderen Menschen verschmelzen kann, wenn man an den Rändern aufweicht. Man muss Kompromisse schließen. Man muss ein Stückchen ins Leben seiner Gefährtin rutschen und, was uns mitunter fast mehr Überwindung kostet, im Gegenzug auch ihr einen zumindest teilweisen Zugang in die eigene emotionale Biosphäre gewähren.

Kurz: Ein Mann ist erst dann wirklich reif für eine Beziehung, wenn er sich vor sich selbst behaupten kann, während er Teile von sich aus voller Überzeugung zum Abschuss freigibt.

Welche Art von Beziehung sollte ein erwachsener Mensch bleibenlassen?

Sie sagt: Zu lieben ist keine Kunst. Zu lieben ist Arbeit. Nur: Je anstrengender sich das anfühlt, desto eher steckt man in einer Beziehung, die man als erwachsener Mensch bleibenlassen sollte. Eine beliebte Variante ist die »Lieber einen schwierigen als gar keinen Mann«-Konstellation. Hier wird der Mann als Entwicklungsprojekt angesehen, in das nur genügend Zeit, Liebe und Geduld investiert werden müssen, um das Beste aus ihm herauszuholen. Er ist der Künstler, der das Herz mit selbstgemalten Bildern oder Balladengeschrammel erobert und sich mit Mitte vierzig noch Geld von Freunden leiht. Das Muttersöhnchen, das jede Frau charmant um den Finger wickelt und immer bei Mama ist, wenn man ihn mal braucht. Der Womanizer, der mit Life-Changing-Sex die eigene Welt aus den Angeln hebt und freundlicherweise auch die von anderen Frauen. An guten Tagen ist so einer interessanter als die anderen, unberechenbarer, abgründiger. An schlechten führt er vor, was man mit ihm nie haben wird: eine gesunde Beziehung.

Dass Frauen mittlerweile bei der Partnerwahl nicht mehr nur auf Status und Sicherheit achten, sondern auch auf Aussehen, Intelligenz und Humor, weiß die Psychologie aus vielen Studien. Doch die neue weibliche Lust an schwierigen Beziehungen gibt Rätsel auf. Denn die jüngste Tendenz der Frauen, sich an »unberechenbare« Männer zu binden, folgt keiner logischen Entwicklung: »Warum, so fragt man sich (nicht nur) als Mann immer wieder, wählen Frauen hartnäckig, zum wiederholten Mal, und notfalls in vierter Ehe Männer, bei denen absehbar ist, dass sie mit egoistischem und kindischem Macho- oder Narzissmusverhalten das Liebesglück torpedieren?«, wundert sich der Trendforscher Matthias Horx. Weil sie es können, deshalb. Weil sich das Gefühl besonders echt anfühlt, nachdem es so hart erkämpft wurde. Weil Frauen sich in das Potential eines Mannes verlieben können und in seine scheinbare Schutzlosigkeit. Vielleicht hat so einer ja wirklich die besten Anlagen, um beständig und treu zu sein, ein liebevoller Partner. Doch wenn er sie mit keiner Frau vorher entwickelt hat, warum ausgerechnet jetzt?

Viele Männer sind zwei Drittel ihres Lebens nicht erwachsen und werden es im letzten Drittel auch nicht mehr. Der amerikanische Psychologe Dan Kiley prägte in den neunziger Jahren den Begriff »Peter-Pan-Syndrom« für Männer, die sich stets vor Pflichten und Verantwortung drücken. Manchmal sind die modernen Peter Pans schon fünfzig Jahre alt und befürchten ernsthaft, der Traumfrau gerade dann zu begegnen, wenn sie gebunden sind, so dass sie sich immer eine Hintertür offen lassen. Trotzdem sind sie Männer, und die lassen sich weder zügeln noch umerziehen. Schon gar nicht, solange es Frauen gibt, die ihre zerrissenen Seelen retten wollen. Diese Samariterinnen geben alles, weil sie sich nicht trauen, auch mal auf der Nehmer-Seite zu stehen. Dort müssten sie ja die Kontrolle aufgeben und sich fallen lassen.

Komisch, dabei lieben wir das doch am meisten an der Liebe: manchmal klein und schwach sein zu können in einer stabilen Beziehung, weil einen das aufrichtet für den Alltagsmist da draußen. Oft findet man das nicht. Es lohnt sich, darauf zu warten. In allen anderen Fällen sollte man konsequent bleiben. Nicht neben dem Telefon sitzen, wenn er zu selten anruft. Nicht sich verbiegen, damit er bleibt. Nicht hoffen, dass er sich bewegt, sondern sich lieber selbst bewegen. Hin zu einer Beziehung, bei der man sich gar nicht erst fragt, ob man sie bleibenlassen soll.

Er sagt: Ich kenne ein Paar, das sich mindestens dreimal täglich streitet und einander Sachen um die Ohren haut, die meine kleine Weichwolli-Seele auf Jahre vernarben würden. Die beiden fetzen sich auf Teufel komm raus und könnten offenbar trotzdem nie voneinander lassen. Vielleicht haben sie dreimal täglich den weltbesten Versöhnungssex. Vielleicht sind sie beide aber auch einfach nur ausgeprägte Krawall-Naturen, die sich bestens ergänzen. Kapieren werde ich diese Anti-Turteltauben jedenfalls nie. Muss ich aber auch nicht. Denn welche Art von Beziehung einen Menschen glücklich macht, ist eine zutiefst persönliche Angelegenheit und von Außenstehenden nur in den seltensten Fällen nachzuvollziehen. Um den großen Dittsche zu zitieren: »Da steckste nich' drin.«

Nichtsdestotrotz gibt es ein paar besonders haarsträubende Konstellationen, vor denen man nicht eindringlich genug warnen kann. Allen voran jene Form der Zweisamkeit, die ich gern als »Zuckerwürfel-Beziehung« bezeichne: Knut ist seit einem Jahr mit Ines zusammen – und seine Freunde erkennen ihn seitdem nicht wieder. Dass er neuerdings merkwürdig modische Sachen trägt, wo er doch früher mit einer knubbeligen Kollektion alter Jeans und buntbedruckter T-Shirts bestens klarkam, fällt noch unter das, was man »ästhetischen weiblichen Einfluss« nennt. Zugegeben: Knut, der alte Ex-Rocker, in einem rosafarbenen Hemd, das ist schon ein Brüller – aber okay. Doch

Ines' Einfluss reicht erheblich weiter als bloß bis zur Oberbekleidung. Wenn man sich mit ihm verabreden will, muss er neuerdings seine bessere Hälfte fragen, ob das in Ordnung gehe. Oft genug sagt er ab, weil er jetzt so oft mit Ines' Freunden unterwegs ist. Mit denen geht unser alter Billardpartner und Dosenbier-Experte nun ins Theater und zu Vernissagen. Letzteres kann er vermutlich nicht einmal buchstabieren. Zu Ines (die nur dienstags mal lacht und in den seltenen Fällen, wenn Knut sie zu einem Abend mit unsereinem überreden kann, regelmäßig um 22.30 Uhr müde ist und zum Aufbruch drängt) ist Knut so süß, dass er sich als eigenständige Person buchstäblich auflöst. Wie ein Zuckerwürfel.

Im letzten Kapitel habe ich behauptet, ein Mann sei erst beziehungstauglich, wenn er einen Teil von sich zum Abschuss freigibt. Damit meine ich jedoch kleine Eigenheiten, festgefahrene Ansichten, unflexible Formen der Streitkultur, Geschmacks-Sackgassen. Ich meine damit nicht, dass man sich das Hemd aufreißt, seiner Beziehungskontrahentin die nackte Brust entgegenreckt und schreit: »Drück ab! Mach mich kalt!«

Wer von uns hat keinen alten Kumpel, der einem irgendwann aus den Fingern glitt, weil eine neue herrschsüchtige Partnerin ihm alle erkennbaren Charaktereigenschaften ausgesaugt hat wie die Aliens in »Invasion der Körperfresser«? Das ist – aus männlicher Sicht – die schlimmste aller Beziehungen, in der sich ein erwachsener Mann verheddern kann.

Ähnlich dumm, aber Gott sei Dank nie so langwierig sind jene Zweierkisten, in denen ein Mann einzig und allein an einer Frau festhält, weil er sie so sensationell sexy und vorzeigbar findet. Selbst wenn dieses Mega-Babe ein ausgemachtes Biest ist, nachweislich minderintelligent und in etwa so monogam wie ein Kaninchen – er braucht sie einfach für sein Ego. Peinlich ist das.

Und last but not least: die Verzweiflungskiste. Nach vier qualvollen Single-Jahren – der Bauchansatz ständig wachsend, die Haare licht, die Nerven blank und der Sexualtrieb stärker denn je – schnappt sich so mancher Mann gierig die erste Frau, die ihn auch nur mehr als unverbindlich anlächelt. Doch, ja: Aus solchen Not-Romanzen kann etwas werden. Aber die Wahrscheinlichkeit ist ausgesprochen gering. Die Abwesenheit von echter Leidenschaft lässt sich nicht langfristig kaschieren. Und keine Frau will ein Notnagel sein. Solche Zweckgemeinschaften pflegen in den allermeisten Fällen mit zwei gedemütigten Menschen zu enden, die fortan noch einsamer sein werden als zuvor.

Wie heile ich meinen Liebeskummer?

Sie sagt: Wenn Männer gehen oder gehen müssen, blühen Frauen auf. Jetzt haben sie einen Grund, das zu tun, was sie am allerbesten können: Gefühlsmanagement betreiben. Das gibt es beim Herzschmerz in drei Varianten.

Variante A

Frauen lassen sich von Schuhen trösten. Zu Hause auf der Couch gibt es für sie nichts mehr zu tun. Die Beziehung haben sie dort bereits beweint, als sie offiziell noch eine war. Wenn das Aus ausgesprochen ist, taumeln sie mit trauerumflortem Blick in ihren Lieblings-Schuhladen, da nur ein Paar absurd teure Highheels ihr wackliges Selbstwertgefühl wieder aufpäppeln kann. Eine weitere Investition tätigt eine frischgebackene Liebeskummer-Managerin beim Starcoiffeur der Stadt sowie bei der Kartenlegerin, die ihre Vorahnung, dass der Trottel in spätestens einer Woche zurückkommt, bestätigt. Hinzu kommen eine Anmeldung bei einem Partnerschaftsportal im Internet und eine dieser sauteuren Jeans aus Los Angeles, zwei Nummern kleiner als die anderen zehn im Kleiderschrank, weil sie durch den Stress endlich abgenommen hat. Danach hat sie immer noch Liebeskummer und ein grotesk überzogenes Bankkonto, aber sie leuchtet so hübsch von innen heraus. Jetzt ist sie auf die Rückkehr des Trottels optimal vorbereitet, selbst wenn sie ihn gar nicht mehr will. Oder nur, falls er sich ändert – und geändert hat er sich ja vielleicht in den letzten drei Tagen. Weiblicher Liebeskummer ist ein Zustand der wunderbaren Illusion.

Variante B

Frauen entdecken ihr kreatives Potential. Sie schreiben Hassbriefe, die sie nie abschicken. Sie fangen an zu fotografieren oder zu gärtnern, lernen Klavier spielen oder stellen die Möbel in ihrer Wohnung um. Experten nennen solche Aktionen »Übergangsphänomene«, weil sie dabei helfen, die Trauer zu bewältigen. Der Hintergrund: Die Liebeskranke steht unter Stress, da Hormone wie Adrenalin und Kortisol ausgeschüttet werden. Es entsteht Energie, die kluge Frauen vernünftigerweise nicht in Racheakte, sondern in schöpferische Tätigkeiten investieren. Das bringt Ablenkung und ungeahnte Erfolgserlebnisse. Und während ein Mann Trost am Tresen sucht oder unverbindlichen Sex hat, ist eine Frau in ihrer persönlichen Entwicklung wieder ein Stück weiter: Sie hat etwas Neues gelernt oder etwas Altes wieder belebt. Sie weiß genauer, was für eine Beziehung sie sich wünscht und welche emotionalen wie charakterlichen Qualitäten der Nächste mitbringen sollte. Wenn das keine lohnende Liebeskummerbilanz ist.

Variante C

Frauen haben mindestens eine Leidensgefährtin, mit der sie den Kummer aus zweihundertdreiundachtzig Perspektiven betrachten und in nächtelangen Telefonaten durchdiskutieren können (frei nach der Devise »Geteiltes Leid tut doppelt weh«). Mit ihrer besten Freundin kriechen sie wie John Cusack in dem Film »Being John Malkovich« in die Gehirnwindungen des Verflossenen, um seine Beziehungsunfähigkeit zu analysieren: »Rudi braucht einfach noch Zeit, weil ihm diese Nähe, diese Wahnsinnsnähe zwischen uns zu viel geworden ist.« Rudi ist fast immer das Schwein, das schlicht unehrlich war mit seinen Gefühlen oder längst eine andere hat.

Der Clou an der freundschaftlichen Seelsorge: Für Frauen ist es wichtig, gemeinsam mit ihrer Freundin den Ex wie ein Puzzle auseinanderzunehmen und zusammenzusetzen, damit er erstens vom Podest fällt und zweitens die Unglückliche schleunigst wieder aus seinen Gehirnwindungen herauskommt. Eine starke Freundin hilft nicht nur dabei, die Trauer um die Trennung leichter zu bewältigen – sie ist ein lieber Mensch, der sich um einen sorgt und kümmert. Diese Unterstützung kann mindestens ebenso glücklich machen wie eine frische Liebe. Eine gewisse Zeit kann eine gute Freundschaft eine Beziehung sogar ersetzen, da sie einem das Gefühl zurückgibt, liebenswert und etwas Besonderes für jemanden zu sein, bis man wieder kräftig genug ist, um seine Flügel zu spreizen und loszufliegen zu neuen Ufern. Davon kann beim Solo am Tresen keine Rede sein, was, Gernot?

Er sagt: Es gibt viele Leute, die einem von der Liebe enttäuschten Mann Trost spenden können: Jack Daniels, Jim Beam, Springer Urvater. Bei Liebeskummer gehört es zum männlichen Standardritual, sehr tief ins Glas zu schauen, ein paar flüchtigen Bekannten oder gar Wildfremden in der Kneipe sein Leid zu lallen, spätnachts nach Hause zu torkeln, am nächsten Morgen mit üblem Kopfschmerz aufzuwachen und dieses Ritual dann mindestens drei Tage lang immer wieder von vorn zu beginnen. Das ist unsere Art zu weinen.

Mit unseren Freunden reden wir erst später, wenn des Saufens genug ist, über das Thema. Und selbst dann tun wir es nicht gern. Denn während Frauen einander in solchen Gesprächen immer wieder überzeugend versichern, dass stets der Mann an allem schuld ist und das Ego der Verlassenen mit viel Engagement wieder hochpäppeln, sind Männer leider ganz schlechte Tröster. Zu mehr als einem jovialen »Ey, du findest garantiert bald was viel Besseres« reicht das maskuline Aufmunterungs-Repertoire selten.

Der dritte Schritt nach Alkoholexzess und holpriger Männersolidarität ist deshalb oft die Rekonvaleszenz des Selbstbewusstseins durch neue Frauengeschichten. Durch den einen oder anderen One-Night-Stand müssen wir uns beweisen, dass wir keine völligen Versager sind und es sehr wohl noch das eine oder andere weibliche Wesen gibt, das uns anziehend findet.

Und dann, irgendwann, sind wir vielleicht wieder mutig genug, uns erneut zu verlieben.

Ja, das ist erbärmlich. Das wissen wir sehr wohl. Aber wir können einfach nicht anders.

Gibt es Beziehungsangst wirklich?

Sie sagt: Simon zum Beispiel. Ein guter Freund von mir, der seit Jahren weiß, was er will: die Frau seines Lebens finden. Aber jedes Mal, wenn er einer interessanten Kandidatin begegnet, passiert das Gleiche: Er verguckt sich, gibt ordentlich Gas und haut nach ein paar Wochen bis Monaten wieder ab. Im Moment hat sich Simon wieder verguckt. Das findet er sehr beunruhigend, sagte er neulich zu mir. »Was ist beunruhigend daran, wenn man endlich wieder Schmetterlinge im Bauch hat?«, fragte ich. – »Dass ich nicht weiß, wie es ausgeht«, lautete Simons Antwort. Die einen sagen dazu Bindungsangst. Ich sage: Simon trifft tolle Frauen, aber die Frau seines Lebens war noch nicht dabei.

Wenn ein Mann »beunruhigt« oder sonst was ist, hat er keine Angst vor Nähe oder vor seinen Gefühlen – er will schlicht keine Bindung mit dieser Frau. Das Einzige, was ihn beunruhigt, ist die Möglichkeit, sie könnte das anders sehen. Eine verliebte Frau versucht, einen vermeintlich bindungsscheuen Mann einzufangen wie ein wildes Pferd, mit Strategien, Verständnis und zu viel Geduld. Sie läuft auf Zehenspitzen durch sein Leben und muss sich doch irgendwann wieder davonschleichen – zurück zum Singlemarkt, wo schon so viele mit ihren unerwiderten Gefühlen gestrandet sind und ihre Ängste für Bindungsunfähigkeit halten. Wen wundert's? Wir haben heute bereits mit dreißig mehr Beziehungen hinter uns als unsere Großeltern in ihrem ganzen Leben. Damit steigt die Anzahl der durchlittenen Verletzungen und Enttäuschungen, leider auch das Misstrauen gegenüber dem anderen Geschlecht. Keiner will mehr ein Risiko eingehen, jeder hofft auf die wahre Liebe, die ihn von allein wieder aus seinem Schneckenhaus locken wird. Doch so läuft das nicht. Die Liebe will entdeckt und gewagt werden. Wie? Indem man mit dem neuen Partner redet, gleich am Anfang. Ihm erklärt, was passiert ist, wie man sich fühlt und wovor man sich fürchtet.

Mag sich das Herz jedoch selbst mit Mut und Neugier nicht öffnen, hat das ebenfalls wenig mit Bindungsangst zu tun. Dann ist sie nicht da, diese große Bewegung in der Seele, die man nur ein- oder zweimal im Leben spürt. Ob der andere genauso empfindet und wie es weitergeht, darüber denkt man gar nicht nach. Man marschiert einfach los ins Ungewisse. Das ist ja das Schöne daran.

Er sagt: Ja. Aber vor allem als faule Ausrede. Ganz ehrlich: Den Mythos, dass Männer mitunter Seelenqualen leiden, wenn sie in das Korsett einer dogmatischen Zweierbeziehung gezwängt werden, nutzen wir Kerle weidlich aus. Wenn Frauen wirklich glauben, es gebe eine genetisch bedingte Erklärung dafür, dass wir gelegentlich verschärfte Egotrips fahren, uns ständig um klare Entscheidungen drücken oder einfach noch ein paar Wochen guten Sex haben wollen, bis wir einer Frau (und uns selbst) eingestehen, dass sie doch nicht die Richtige für uns ist – fein!

Ja, wir werden ein wenig hibbelig, wenn wir uns vorstellen, dass wir uns in Zukunft nicht mehr bei allen Dingen komplett frei entscheiden können. Manche von uns werden sogar richtig nervös. Eine echte Beziehungsangst aber, also eine phobische Reaktion auf potentielle dauerhafte Nähe, kommt nur bei einer Handvoll aufrichtig psychisch geschädigter Menschen vor.

Die Autoren Julia Sokol und Steven Carter beschreiben den häufigsten Typus des Beziehungsängstlichen in ihrem Buch »Nah und doch so fern« keineswegs als manisch freiheitsliebenden Exzentriker, sondern vielmehr als exzessiven Romantiker, dessen Vorstellung von Harmonie und dessen Anspruch an zwischenmenschliche Perfektion pathologisch überhöht ist. Bei jeder Beziehung, in die er sich euphorisch stürzt, macht sich schnell eine Ernüchterung breit, die ihn früher oder später auf eine erneute Suche nach dem perfekten Beziehungsglück schickt.

Es sind keineswegs nur Männer, die unter diesem Problem leiden. Auf zwei von ihnen kommt laut seriöser Schätzungen eine Frau. Doch diese tatsächlich therapiebedürftigen Fälle von Beziehungsangst sind selten. Es sind Ausnahmen. Beim Gros von uns Männern ist die vermeintliche Beziehungsangst bei näherer Betrachtung nichts anderes als schlichtes Muffensausen. Das gilt es zu bekämpfen und zu besiegen. Die meisten von uns schaffen es. Irgendwann.

Was haben meine Eltern mit meinem Liebesleben zu tun?

Sie sagt: Die Partnerwahl ist kein Zufall. Sie wird aber nicht von einer Himmelsmacht gelenkt, sondern von der individuellen Prägung in den ersten Lebensjahren. Genauer gesagt, von Papa, dem Besten und Größten im Leben eines kleinen Mädchens. Häufig ist der Vater Auslöser des »Erste-Liebe-Syndroms«: Er kann das Männerbild seiner Tochter so stark bestimmen, dass bei den ersten Liebes-Gehversuchen unbewusst alle potentiellen Partner an ihm gemessen werden. Ob

Papas Augenfarbe oder sein Geruch, auf welche Weise er Probleme löst und welche Dinge er mit Leidenschaft macht, wie er mit seiner Frau umgeht und mit seinem besten Freund – aus jedem wichtigen Eindruck wird eine Schablone gebastelt, in die der Mann fürs Leben hineinpassen soll. Mr Perfect ist dann der, der am vertrautesten erscheint.

Ungarische Verhaltensforscher der Universität Pecs (Fünfkirchen) führten dazu einen interessanten Versuch durch: Sie suchten 26 verheiratete Adoptivtöchter aus und baten 250 Studenten, die Fotos der Frauen denen der Ehemänner zuzuordnen. In einem weiteren Schritt sollten die Ehemänner den Adoptiveltern ihrer Frauen zugewiesen werden. Dazu zeigten die Wissenschaftler zunächst zu jeder Tochter Bilder von vier potentiellen Ehegatten. Die Studenten mussten dann raten, welcher Mann zu ihr gehört. Danach wurden die vier möglichen Ehemänner zum Adoptivvater gestellt, dessen Äußeres jedoch so verändert wurde, dass er aussah wie zu der Zeit, als die Tochter zwei bis acht Jahre alt war. Die dritte Fotoserie zeigte die Adoptivmutter und die vier Ehekandidaten. Die Ergebnisse: Die Studenten lagen bei den Frauen und ihren wirklichen Gatten ungewöhnlich oft richtig. Noch verblüffender war die korrekte Zuordnung der Ehemänner zu den Adoptivvätern: In 38 Prozent der Fälle wurde richtig gewählt, besonders, wenn die Töchter ihre Daddys als äußerst liebevoll und warmherzig beschrieben hatten.

Eine kleine Feldforschung unter meinen Freundinnen ergab: Ein bisschen wie Papa sind deren Auserwählte fast immer. Barbara zieht an Thomas an, dass er ihr hitziges Temperament mit großer Gelassenheit zu nehmen weiß. Die wichtigste Eigenschaft, die sie ihrem Vater zuschreibt: Gelassenheit. Immer wenn es in der

Familie Zoff gab, wurde er nur noch ruhiger und fokussierter. Tanja wiederum fühlt sich zu Männern hingezogen, die entweder weit weg leben, liiert sind oder einen aufreibenden Job haben, der ihnen wenig Zeit für eine ernsthafte Beziehung lässt. Und wie war es wohl mit ihrem Vater? Er war ein Sonntagsdaddy, die restliche Zeit gehörte der Karriere.

Obgleich der Vater die stärkste Präsenz besitzt, wird das Männerbild noch von anderen Bezugspersonen geprägt, wie meine Freundin Marie beweist: In ihrer Familie haben alle braune Augen und Haare, sie aber fährt in vorhersehbarer Regelmäßigkeit auf blondschopfige Männer mit blauen Augen ab. Irgendwann erzählte sie ihrer Mutter verwundert davon, und die erinnerte sich daran, dass Marie bis zu ihrem dritten Lebensjahr von einem Kinderarzt behandelt wurde, der – ja, genau – blond und blauäugig gewesen war.

Verantwortlich dafür, dass wir ein fertiges Bild vom Traumpartner in uns herumtragen, ist dem amerikanischen Sexualforscher John Money zufolge die »lovemap« im Gehirn. Die emotionale Landkarte wird bei der Geburt angelegt und bis zum zehnten Lebensjahr mit Erlebnissen, Wesensmerkmalen und optischen Eindrücken gespeist. In der Beziehungsmatrix wird vermerkt, was glücklich macht, aber auch, was weh tut, etwa dass Papa emotional Distanz wahrte, seine Zuneigung nur bei guten Leistungen schenkte oder seine kleine Prinzessin mit niemandem teilen wollte. Beim Partner suchen wir die Wiederholung des Erfahrenen, um alte Muster nachzuleben und Verletzungen zu heilen. Nur leider mit einem dazu völlig ungeeigneten Mann, weil er ja irgendwie wie Papa ist. Möglicherweise löst man mit diesem Menschen auch nur ein bestimmtes Rollenmuster aus: Der Mann ist dann zum

Beispiel nicht grundsätzlich bindungsscheu, sondern nur in dieser Konstellation, da die Frau dies mit ihrem erlernten Verhaltensmuster provoziert.

Eltern prägen nicht nur die Partnerwahl und die Art der Bindung, die wir leben. Sie stanzen in unseren Köpfen Vorstellungen ein, die wir später von uns selbst sowie vom anderen Geschlecht haben. Ein Vater, der seine Tochter unterstützt, ihr vertraut und sie in ihrem Frausein bestärkt, wird ihr das Gefühl mitgeben, dass sie wertvoll ist und in einer Beziehung das Beste verdient. Ein Sohn, dessen Mutter warmherzig, ausgeglichen und stabil ist, wird nicht nur die Richtlinie bestimmen, nach der er seine Partnerin wählt, sondern ihm auch ein gutes Frauenbild schenken.

Unser Liebesplan ist nicht unabänderlich – als Erwachsene lernen wir, selbstbestimmt zu handeln. Spätestens wenn wir merken, dass jede Beziehung aus den gleichen Gründen scheitert, beginnen wir Verantwortung für unser Glück zu übernehmen. Wir erkennen unsere erwachsenen Bedürfnisse und gleichen sie den anerzogenen Partnervorstellungen an. Fortan wählen wir nicht mehr das, was uns vertraut ist, sondern das, was uns guttut. Will heißen: Auf der emotionalen Landkarte wird es immer einen Platz für Papa geben, aber auch genügend weiße Flecken für neue Erfahrungen.

Er sagt: Ich bin seit vielen Jahren mit derselben Frau zusammen. Und selbst wenn es Momente gibt, in denen sie mich rasend macht: Ich liebe sie immer noch wie am ersten Tag. Wenn nicht noch mehr.

Meine Eltern haben vor drei Jahren goldene Hochzeit gefeiert. Ich habe die beiden in all den Jahren niemals ernsthaft streiten sehen. Nur das übliche gelegentliche Gekabbel und Gemaule. Als ich ein Kind war, hatte ich keine Chance, die beiden gegeneinander auszuspielen. Sie waren immer eine Einheit, in die man keinen Keil treiben konnte. Mein Vater wird bald achtzig, meine Mutter ist siebzig. Sie küssen sich immer noch.

Die Eltern meiner Frau sind immerhin schon seit zweiundvierzig Jahren verheiratet. Auch sie sind einander stets Felsen in der Brandung.

Ich bin mir absolut sicher, dass meine Frau und ich es nicht zuletzt unseren Eltern zu verdanken haben, dass wir ein glückliches Paar sind. Wir hatten, seit wir Babys waren, jeden Tag den lebenden Beweis vor Augen, dass zwei Menschen zusammen nicht nur funktionieren, sondern aufrichtig glücklich sein können. Wir wissen, dass das Konzept »Gemeinsam alt werden« nichts Furchterregendes, sondern etwas unglaublich Schönes ist. Wir haben es vorgelebt bekommen.

Natürlich heißt das nicht, dass alle Menschen, die aus Scheidungsfamilien oder einem zoffintensiven Elternhaus kommen, dazu verdammt sind, nur temporäre Beziehungen zu haben, dass alle Frauen, deren Väter Alkoholiker waren, sich später selbst einen Säufer suchen oder dass alle Männer, deren Mütter unter Depressionen litten, später wegen eines obskuren Helfersyndroms eine labile Partnerin nach der anderen durcharbeiten. Doch es ist unbestritten, dass wir wesentliche Teile des Lebens unserer Eltern imitieren. Wer aus einer glücklichen Familie stammt, hat – unfair, aber wahr – die Poleposition im Beziehungsrennen. Wer das richtige Vorbild hatte, weiß aus der Innenansicht, dass eine Beziehung kein Machtkampf sein darf, sondern ein Miteinander sein muss. Ein Geben und Nehmen, ein Vorpreschen und Zurückstecken. Er weiß, dass Kompromisse keine

Schwäche sind, sondern unterm Strich glücklich machen können. Wer diese Erkenntnis nicht nur theoretisch gewonnen hat, sondern durch eine harmonische Familien-Sozialisation als Teil seines Charakters verinnerlicht, der hat eine erhöhte Chance auf Lebensglück.

Mama, Papa – vielen Dank dafür!

Lässt sich Liebe anklicken?

Sie sagt: Bei einem Internetflirt spricht das Herz laut, deutlich und schnell. Das Ende einer hoffnungsvollen Begegnung ist dann oft nur noch einen Mausklick entfernt. Selbst ein möglicher Mr Perfect bekommt keine Chance, wenn er Smileys statt Kommas in seine Mails streut, von Beruf Sotzped (Sozialpädagoge) oder IT-ler ist, Spitzbart oder schlechte Zähne im Gesicht trägt – er wird per Tastendruck »verabschiedet«, wie es im virtuellen Kupplerjargon heißt. Das waren einige meiner Ausschlusskriterien, die ich im Internet-Partnerschaftsportal Parship bei meinem eigenen arithmetischen Liebe-Finde-Spiel anlegt habe, rein aus Berufsinteresse natürlich. Theoretisch eröffnet das World Wide Web die Möglichkeit, unter Millionen von Partnern den zu finden, der perfekt zu einem passt. Außerdem ist es praktisch, da wir heute wenig Zeit und Gelegenheit haben, den Richtigen zu finden. Neben dem Job ist das Internet die beliebteste Anbandelstätte geworden. Soziologen der Uni Zürich fanden in einer Umfrage unter 4110 Usern eines Partnerschaftsportals heraus, dass sie nach dem Arbeitsplatz (17,4 Prozent) das Internet (17,1 Prozent) für den wahrscheinlichsten Ort halten, um ihren Partner zu finden. Das Potential für eine romantische Bekanntschaft sehen nur 15 Prozent der Befragten in Bars, Clubs oder Discos. Klar, man sieht den Leuten dort eben nicht an, ob sie frei sind (Jungs, tragt eure Eheringe) und was genau sie suchen (ihre Eheringe?).

Im Internet kann dagegen die ganze Wahrheit in einer einzigen Mail stecken. Wer sein Liebesglück etwa bei Parship finden möchte, füllt erst einen Persönlichkeitstest aus, nach dem ein Charakterprofil erstellt wird. Schließlich sortiert der Rechner nach schlichter Topf-Deckel-Systematik, ungefähr so: Kopfmensch trifft Bauchmensch, der ähnlich extrovertiert ist wie er selbst. Je höher die »matching points«, desto größer ist angeblich die Kompatibilität mit dem Kandidaten. Alles über 90 Punkte ist quasi ein Traumprinz, alles unter 50 eine Kröte. Sehr gute bis gute Werte hatte ich allein in Bayern mit 680 Teilnehmern. Toll war das! Die Euphorie verflog bald, denn 680 Steckbriefe aufmerksam durchzuklicken verlangt Durchhaltevermögen oder eine große Bedürftigkeit. Ich verließ mich auf den Zufall – und der spülte mir Männer zu (auch im Netz gilt der altmodische Grundsatz: Mann agiert, Frau reagiert), bei denen ich an alles dachte außer Liebe. Es waren witzige und zauberhafte, langweilige und standardisierte Anfragen dabei. Nie etwas Grobes oder Anzügliches. Im Gegenteil, die meisten Männer schrieben einfühlsam, verbindlich und offen. Ich war erstaunt, wie bewusst meine Matching-Partner damit umgingen, sich nicht in eine Phantasiewelt hineinzusteigern. Alle schlugen spätestens in der zweiten Mail ein Telefonat oder ein Treffen vor, um eine »reale« Beziehung aus der virtuellen Begegnung zu machen. Enttäuschungen sind natürlich auch da nie ausgeschlossen. Ein dickes Fell sollte man deshalb beim Internet-Kuppeln mitbringen – und eine positive Einstellung. Schließlich kommt es bei der Partnersuche, egal welcher Art, darauf an, überzeugt davon zu sein, dass man Erfolg haben wird.

Unterm Strich haben mir bei meinen Parship-Kontakten das Spielerische und die Leichtigkeit gefehlt. Wer im Internet sucht, verfolgt ein Ziel: die große Liebe zu finden. Das ist toll und mutig, weil diese Menschen Verantwortung übernehmen für ihr Glück. Doch geht es häufig auf Kosten entspannter Neugier und der Offenheit, sich mit dem anderen in eine unbekannte Richtung zu entwickeln, und sei es »nur« hin zu einer Freundschaft. Den Druck rausnehmen und den Spaß rein, das würde viele weiterbringen.

Kritiker sagen, die Liebesanbahnung im Netz sei letztlich nichts anderes als die Rückkehr zur arrangierten Ehe. Die könnte man auch ohne Online-Kuppler haben und einfach mit dem netten Nachbarn gemeinsame Sache machen. Nur: Im befreiten 21. Jahrhundert lässt sich eine Beziehung nicht mehr auf Vernunft aufbauen, zumindest nicht auf Dauer. Gefühle lassen sich weder kaufen noch per Knopfdruck herbeizaubern. Es fehlt beim Internetdating der unverstellte erste Moment des Erkennens, der zwei Menschen aus ihrem Innersten heraus miteinander verbindet. Daraus muss nicht mehr werden. Aber es ist der richtige Anfang, weil beide es sehen und spüren können. Neulich hatte ich wieder so einen Moment mit einem Fremden: Ein paar Sekunden und Blicke, die alles ahnen ließen. Ganz natürliche Chemie. Wer weiß, vielleicht hätten die Filter des Parship-Kuppelprogramms diesen Mann durch das Raster fallen lassen und ihn in meiner Liste gar nicht angezeigt. Egal. Ich habe seine Handynummer. Die gab's umsonst.

Er sagt: Sicher. Tatsächlich dürfte eine Kontaktbörse im Internet sogar eine erheblich größere Erfolgsrate haben als langwieriges Partnersuchen im Nachtleben. Denn was für oberflächliche Dummköpfe, enervierende Schwätzerinnen und Neurosen-Bündel zwischen Cocktailbar und Tanzschuppen herumlaufen, weiß jeder, der auch nur mal eine Stunde lang allein an irgendeinem Tresen gelehnt hat.

Nein, im Internet kann man vorsortieren. Das ist besonders für die Spezies Mann, die ja sowieso gern Dinge und Menschen in Kategorien einteilt, ständig Listen macht und alles Mögliche in Prozenten bewertet, wie maßgeschneidert.

Machen wir uns nichts vor: Je weiter sich die Menschheit in multimediale, hyperaktive Hochgeschwindigkeitswesen entwickelt, desto schwerer wird es, einen kompatiblen Menschen zu finden. Der moderne Mensch muss jedes Gespräch alle zehn Minuten unterbrechen, weil sein Handy klingelt, kann sich auf nichts mehr in Muße einlassen, weil ständig irgendwo eine andere Ablenkung lockt und nichts für ihn unerträglicher scheint, als irgendetwas zu verpassen. Jungmenschen haben gar links einen Ohrstöpsel mit MP3-Musik stecken, während das rechte Hörorgan vage einem Gespräch zu folgen versucht. Der moderne Mensch braucht einen Soundtrack zum Dialog, weil die Worte allein so unangenehm schwer werden könnten. Wir sind Oberflächenkratzer geworden. Wir flattern und plaudern, haben Spaß und gehen auf *Events* – aber viele von uns haben inzwischen fast verlernt zu *sprechen*. Ein Mann, der in einer Kneipe, im Biergarten, auf der Liegewiese, einem Konzert oder im Freibad eine Frau trifft, die seine Aufmerksamkeit weckt, muss enorme Energie aufwenden, um herauszufinden, ob deren Charakter hält, was ihr Charisma verspricht. Tiefe, Intelligenz und Substanz sind in unserer Stefan-Raab- und Paris-Hilton-Pillepalle-Welt verpönt. Hip ist, wer plappert und schnattert.

Im Internet kann man eine Vorauswahl treffen. Das mag unromantisch sein, aber es ist durchaus sinnvoll. Ein Bücherwurm klickt keine Kandidatin an, die in der Kategorie »Lieblingsbuch« einen ahnungslosen Strich gemacht hat, ein Outdoor-Extremsportler streicht alle Frauen sofort durch, in deren Selbstbeschreibung das Wort »häuslich« fällt. Man(n) sieht im Internet auch, ob eine Frau Kinder hat. Natürlich ist es nicht fair, wenn ein Mann, der auf keinen Fall irgendwelche Vaterpflichten übernehmen will, sie deswegen vorab ausmustert. Doch sie merkt es ja nicht. Es würde sie mehr schmerzen, wenn er sie erst nach drei Dates und zweimal Sex deswegen sausen ließe.

Natürlich beginnt nach der Einkreisung immer noch das Date-Abenteuer. Man lernt ausgiebig und mitunter schmerzhaft, dass auch Fragebögen verlogen ausgefüllt werden können und dass ins Netz gestellte Fotos zehn Jahre alt sein und via Photoshop um minus zehn Kilo retuschiert werden können. Doch man flirtet immerhin nicht im luftleeren Raum. Und man weiß, dass die Frau, die einem gegenübersitzt, sich in einer ganz ähnlichen Situation befindet wie man selbst. Sie sucht auch. Allein dieses Bewusstsein entspannt.

Ob man im Internet die große Liebe findet, kann trotzdem niemand garantieren. Auch hier gilt, dass man eine Menge Froschdamen küssen (und Maustasten drücken) muss, bevor man vielleicht irgendwann die Prinzessin findet. Aber der Net-Flirt ist ein einleuchtender, keineswegs peinlicher oder gar ehrenrühriger Weg, sein Glück zu suchen.

Bin ich zu wählerisch?

Sie sagt: Ist Boris Becker wählerisch? Die einen sagen ja, weil er immer mit den schönsten Frauen nach Hause respektive ins Hotel geht. Ich sage nein, weil sie einander gleichen wie Klone. Er will nur verbergen, dass er sie fast so oft wechselt wie seine Unterwäsche. Es scheint, also ob der Ex-Tennisprofi nicht weiter an der Persönlichkeit seiner Gespielinnen interessiert sei, sonst würde er doch wohl auf andere Merkmale achten als nur auf den Schoko-Teint. Ein interessanter Aspekt, das aber nur nebenbei: Der Trendforscher Matthias Horx sagt, dass einer wie Becker, der immer wieder den gleichen Typus bei der Brautschau umgarnt, jede Lernkurve vermeidet. Tja, Nationalhelden sind eben auch nur Menschen.

Was heißt überhaupt »wählerisch«? Lange wollte ich keinen kleinen Mann, den ich auf den Kopf küssen könnte. Keinen, der mich nicht mindestens drei Tage zappeln lässt, bevor er anruft. Keinen Fußballfan, der jeden Samstagabend vor dem Fernseher hockt und die Sportschau guckt. Nein, ich wollte den einen, den Großen, Wahren. Und die Wirklichkeit? Findet man endlich den Traumprinzen, steigt die Leidenschaft wie das Quecksilber in einem Fieberthermometer. Leider kühlt die siedende Beziehungstemperatur meist schnell wieder ab, denn plötzlich stört alles an ihm: wie er seine Suppe schlürft, sein albernes Lachen, die selbstgedrehte Kippe im Mund. Aus Mücken werden Elefanten, der Mann zum Opfer der eigenen Idealphantasie. Nur scheitert die Liebe ja nie an Kleinigkeiten, sondern an der Erkenntnis, dass man mit diesem Menschen nicht einmal ansatzweise leben könnte. Leidenschaft kann nicht über fehlende Partnerschaft hinwegtäuschen, magische Momente nicht über unerfüllte Bedürfnisse. Man entscheidet sich nicht nur für seine Stattlichkeit, seine schönen Hände, seine leidenschaftlichen Küsse, die das Herz zum Beben und den Magen zum Fliegen bringen, sondern auch für seinen Lebensstil. Ist uns das allen wirklich klar bei der Wahl?

Die Ansprüche sind selten zu hoch, nur oft falsch. Da wird traumselige Romantik kultiviert, anstatt die inneren Bedingungen für die Liebe zu schaffen. Der Perfektionsanspruch sowie festgefahrene Vorstellungen lassen die Wünsche an den Traumpartner unreflektiert und oberflächlich bleiben. Ein Computerspezialist? Wie öde, der hat bestimmt bloß Technik im Kopf. Er ist deutlich jünger? Lieber nicht, wie soll ich das meinen Eltern und Freunden erklären. Skorpion? Finger weg, mir hat schon mal einer mit seinem Stachel das Herz durchbohrt. Die Ansprüche wachsen da, wo sowieso nichts gedeihen kann. Nicht der Computermann, der Jüngere oder der Skorpion passt nicht zu uns, wir passen noch nicht zu unseren wahren Bedürfnissen, Werten und Vorstellungen. Eine ernsthafte Bindung ist erst dann möglich, wenn wir bereit sind, die eigenen Beziehungskompetenzen auszuloten, unsere eigenen Unzulänglichkeiten wie die des anderen zu akzeptieren und zu erkennen, dass sich nicht alle Wünsche erfüllen – kurz gesagt: nachzureifen.

»Liebesklüger werden« nennt das der Trendforscher Horx. Wie das geht? Indem man sich Fragen, Fragen und noch mal Fragen stellt. Welche Beziehungswerte (Toleranz, Unabhängigkeit, Verlässlichkeit etc.) sind mir am wichtigsten? Wie viel Zusammensein brauche ich wirklich, wie groß ist nur meine eigene Angst vor innerer Leere und Langeweile? Kann ich mit einem Mann leben, der sich völlig auf seine Karriere konzentriert und mir die Kindererziehung komplett überlässt? Wie viel Verbindlichkeit wünsche ich mir in einer Beziehung, reicht mir das Zusammenleben oder gehört ein Trauschein dazu? Wo kann ich Abstriche machen, wo nicht?

Die Wahrheit über die eigene Beziehungsidentität kann ein Beben in der Seele auslösen. Denn wir Frauen wollen alles von einem Mann und umgekehrt alles für ihn sein: die stets begehrenswerte Geliebte, die inspirierende Muse, die großzügige Freundin, um nur einige Rollen zu nennen. Dabei muss man nur dazu stehen, wer man wirklich ist und was man braucht, aber auch, was man nie wird sein können. Seien Sie ruhig anspruchsvoll, legen Sie dabei nur die richtigen Maßstäbe an. Das stärkt erstens die Selbstachtung und zieht zweitens den Mann an, der eine Frau schätzt, die weiß, was sie will.

Er sagt: Es geht weniger um die Frage des Wählerischseins als vielmehr darum, wie sehr man sich von äußerer Einflussnahme, medial gepredigten Schönheitsidealen und den gängigen Klischees, wer überhaupt zu wem passt, unter Druck setzen lässt.

Ein Mann, der auf die perfekte Frau wartet, wird Patina ansetzen und niemals in seinem Leben echtes Glück erleben. Denn diese perfekte Frau gibt es nicht. Wahrscheinlich wäre sie in ihrer gottgleichen Perfektion auch unfassbar langweilig – und damit schon wieder nicht perfekt. Ein Mann, den die kleinste Marotte oder optische Unebenheit bei einer Frau prompt in die Flucht schlägt, ist zur Einsamkeit verdammt. Und ein Idiot ist er obendrein.

Das bedeutet aber im Umkehrschluss natürlich nicht, dass man jede Frau anbaggern muss, die nicht schreiend vor einem wegrennt. Nein, die Sache ist viel simpler: Hör nicht auf deine Freunde und ignoriere alle Normen. Vertraue deinem Instinkt. Sympathie und Zuneigung spürt man sehr schnell. Diesem vagen Gefühl sollte man folgen. Seine männlichen Freunde sucht man sich nach gemeinsamen Interessen, nach Humor, Grips, ihren empathischen Qualitäten und ihrem Unterhaltungswert aus. Bei seiner potentiell großen Liebe sollte man solche Attribute ebenfalls ganz obenan stellen.

Mein Freund Ralf zum Beispiel. Der mag mollige Frauen. Eine zu große Körbchengröße gibt es seiner Ansicht nach nicht, ein Hüftröllchen und einen ausladenden Hintern findet er durchaus sexy. Wenn so eine Wuchtbrumme zu alledem auch noch kleiner als 1,65 Meter ist, rotblondes Haar und grüne Augen hat, ist Ralfs absolutes Schönheitsideal erreicht.

Ralf ist ein selbstbewusster Typ. Es ist ihm egal, was andere Männer davon halten, dass er in Bars und auf Partys mit Vorliebe mit den Pfundsfrauen flirtet. Und es amüsiert ihn, dass viele Frauen, die sich ihre Wespentaille nur mit qualvoller Dauerdiät erhalten, sein Interesse an fülligen Ladys als persönlichen Affront zu betrachten scheinen. Denn Ralf ist ein verdammt gutaussehender Typ – groß, durchtrainiert, charismatisch –, der problemlos auch bei den heißbegehrten, modelähnlichen Exemplaren der Gattung Frau landen könnte. Nur: Die reizen ihn nicht. Bis zu jenem Tag, als er Carmen kennenlernt:

Carmen ist fast 1,80 Meter groß, eine schwarzhaarige, glutäugige Schönheit mit Mini-Po, einer knappen Handvoll fester Brüste und unendlich langen Beinen. Ralf hat sich so schnell in Carmen verliebt, dass ihm selbst davon schwindelig wurde. In ihre Intelligenz, ihren sarkastischen Witz, ihre Spontaneität und Lebenslust. Die beiden sind jetzt seit fünf Jahren zusammen, und ich kenne kaum ein glücklicheres Paar. Ralf findet Carmen schön. Richtig schön. Mit ihrem objektiven Aussehen hat das allerdings herzlich wenig zu tun. Es liegt an seinem Blick auf sie.

Klar: Männer trumpfen gern mit ihren Eroberungen auf. Frauen können unsere wertvollsten Statussymbole sein. Mit einem Prachtweib lässt sich bestens angeben. Dummerweise tolerieren wir bei Frauen umso mehr nervige Charaktereigenschaften, je edler ihr Chassis ist. Doch machen wir uns nichts vor: Wer nach rein visuellen Kriterien durch das Frauenangebot streift, mag eine Menge Spaß haben, eine wirkliche Partnerin findet er aber vermutlich nicht. Am Ende werden die Luxus-Carmens nämlich mit jenen Männern glücklich, die sie nicht primär wegen ihres Aussehens begehrenswert finden. Mit den Ralfs dieser Welt eben. Die Liebe lauert nun mal bevorzugt da, wo man sie am wenigsten vermutet. Wer nicht richtig hinschaut, ist selber schuld. Es ist nicht zuletzt der männliche Tunnelblick, der ewige Singles produziert.

Ist das nächste Mal für immer?

Sie sagt: Vor zwei Jahren traf ich den Mann, mit dem sich mein Leben veränderte. Mit ihm an meiner Seite hatte ich den Mut, einen Job aufzugeben, der nicht zu meinen Fähigkeiten passte. Mit ihm verliebte ich mich in meine runden Hüften, weil er sie hingebungsvoll streichelte. Ich begann zum ersten Mal, mit offenem Visier zu kämpfen, als es zwischen uns schwierig wurde. Mit diesem Mann wurde ich mehr ich selbst. Es hat trotzdem nicht geklappt, für unsere unterschiedlichen Lebensweisen gab es keine gemeinsame Zukunft. Eine Weile strampelte ich dagegen an und redete mir ein, dass wir es schaffen könnten, wenn wir uns nur mehr Mühe gäben. Nein. Wir haben es versucht, so gut wir eben konnten.

Er bleibt für immer in meinem Leben, als Erfahrung, die ich nicht missen möchte. Ich habe durch ihn gelernt, dass sich nicht jede bedeutsame Begegnung vertiefen lässt und nicht jede langjährige Beziehung eine nachhaltige Bedeutung haben muss. Ein Ja für immer ist ein schöner Gedanke, ein Ja für den Moment auch viel wert. Laut einer Umfrage der Zeitschrift »ELLE« sind 58 Prozent der Frauen und 44 Prozent der Männer überzeugt, dass die Lebensabschnitte für Partnerschaften immer kürzer werden. Der Wissenschaft zufolge brauchen wir variierende Erfahrungen sogar, um uns irgendwann langfristig für einen Partner entscheiden zu können. Peter Todd, Professor für Informatik, Kognitionswissenschaften und Psychologie an der Universität von Indiana, rechnete aus, dass wir 12,7 Begegnungen haben müssen, um mit Nummer 13 den Richtigen zu wählen. Dazu gehören ein ernsthafter Flirt, eine intensive Affäre, eine langjährige Beziehung. Grau ist alle Theorie. Der letzte, eben jener wichtige Mann war weder meine Nummer 13 noch Mr Right. Schön war's trotzdem.

Manche Beziehungen enden leise, andere tragisch, die dritten heiter. Jede ist unverwechselbar. Das klingt vielleicht nicht nach himmelstürmender Romantik, aber es macht frei und offen für Erfahrungen aller Art, ohne an ihnen zu zerbrechen. Der Gedanke gibt mir Gelassenheit. Ich weiß jetzt, dass ich mehr als einmal im Leben die Chance haben werde, mich von der Liebe verändern zu lassen. Sie muss nicht für immer dauern. Es ist mehr als genug, wenn sie das Herz berührt.

Er sagt: Immer mit der Ruhe! Der Mann, der sich gleich zu Beginn einer Beziehung bang fragt, ob es diesmal womöglich für immer ist, ist noch nicht geboren worden. Wir Kerle sind ja schon superstolz auf uns, dass wir uns von einer Frau überhaupt erst mal aus unserem polygamen Paradies locken ließen. Die männliche Langzeitplanung in Sachen Liebesdingen reicht in der Kennlern- und Annäherungsphase höchstens bis … na ja, sagen wir mal, Dienstag nächster Woche.

Liebe Frauen! Ihr könnt eure Zahnbürste und einen KLEINEN Beutel Kosmetika in unser Bad stellen. Wenn ihr euren eigenen Fön mitbringt, werden wir schon nervös. Wenn's mit uns wirklich für immer sein soll: Gebt uns Zeit. Gaanz viel Zeit! Irgendwann bieten wir euch einen Zweitschlüssel für unsere Wohnung an. Ihr fragt euch aufgrund dieser monumentalen Geste dann vielleicht tatsächlich, ob es mit uns womöglich für immer sei. Und wir planen immerhin schon mal bis zu unserem nächsten gemeinsamen Sommerurlaub.

DER ERSTE BLICK

Wie und wo kann ich jemanden treffen?

Sie sagt: Die Liebe erwischt einen an völlig ungeeigneten Orten. Bei mir heißt das: im Pressezentrum eines Filmfests, in der stickigen Wartehalle eines Flughafens. Aber nie: in einer Bar, einer Disco, auf einer dieser schicken Münchner Mottopartys. Also nie, als ich mich an Orte begab, wo mutmaßlich mehrere Leute jemanden suchen. Statt aus sich herauszugehen und etwas Tolles zu wagen, betrinken sich die meisten an diesen Orten nur und gehen danach allein nach Hause oder mit jemandem, den sie sich schöngetrunken haben.

Mal eine Frage: Kann man sich das Nicht-Suchen vornehmen? Ich dachte es lange. Wie viele Wochen bis Monate habe ich mich frei und bereit gefühlt für den Moment, in dem ich den Richtigen treffe. Zufällig natürlich, aber ich war auf alles gefasst. Wie oft habe ich mich aufgemacht zu einer Einladung mit ebenso freien Singles, um am Ende des Abends die Veranstaltung mit netten Eindrücken, aber ohne Kribbeln und Krabbeln im Bauch zu verlassen. Und wie oft bin ich mit meinen Freundinnen in eine dieser *In-Bars* marschiert, habe mich am Tresen drapiert und auf etwas gewartet, was nie passiert ist. Es lag nie Liebe, sondern nur Alkohol und Krampf in der Luft. Hätte ich mich bloß mehr auf mein Vergnügen und weniger auf meine Erwartungen konzentriert. Dann gäbe es jetzt wildere Geschichten zu erzählen, von durchtanzten Nächten auf Wirtshaustischen, Sonnenaufgängen im Stadtpark oder Muffin-Orgien im Coffee-Shop – gelebtes statt abgewartetes Leben eben. In Wirklichkeit bin ich meistens erschöpft von meiner eigenen Aufgesetztheit früh wieder nach Hause gegangen. Was wollte ich eigentlich? Dass ein Mann mich durch meine perfekte Fassade hindurch erkennt? Wie sollte er das in einer Umgebung, in der jeder damit beschäftigt ist, um den eigenen Nabel zu kreisen und um Aufmerksamkeit zu ringen?

Eines Tages begriff ich, dass weder die In-Bars noch die anderen mein Problem sind. Ich lernte, dass ich allein mir im Weg stehe und dass es anderen Menschen genauso ergeht wie mir. Vieles änderte sich, als ich aufhörte, die ganze Welt auf mich zu beziehen, und dadurch wirklich offen wurde für andere. Als ich nicht mehr jeden Typen auf sein »Ist der was fürs Leben?«-Potential abscannte, sondern als mir beim einen seine sympathische Ausstrahlung, beim anderen das liebe Lächeln auffiel. Nicht mehr, aber auch nicht weniger. Ich versuche inzwischen davon auszugehen, dass mich keiner ablehnen wird, wenn ich ihm mit einer Geste oder einem Kompliment zeige, dass ich eine seiner vielen Besonderheiten bemerke. »Hübsche Augen hast du«, sage ich zu einem Kellner. Und: »Sie haben eine charmante Art, mit Kunden umzugehen« zu der netten Kuchenverkäuferin. Jetzt sehen mich die Menschen. Sie sehen mich mit anderen Augen.

Noch etwas wurde mir klar: Dass der Richtige wahrscheinlich vor mir steht, wenn ich gar nicht perfekt bin, sondern übellaunig, traurig oder nur unheimlich müde. Der Richtige will ein echtes Gesicht und echte Gefühle sehen. Er sucht schließlich eine Frau zum Leben und keine zum Herzeigen.

Zu einer wichtigen Begegnung gehört, sie zulassen zu können, und nicht, auf sie zu warten. Sie müssen jetzt also nicht Ihr ganzes Leben umstellen und fortan täglich ausgehen, wenn Sie gerne zu Hause sind. Oder Ihre Lieblingsbar wechseln, falls es eine ist, die Sie auch allein aufsuchen können, nach der Arbeit für ein Schinken-Käse-Brot und ein paar Bier zum Beispiel. Das ist viel wert. Genauso wichtig wie eine schöne Partnerschaft ist es zu wissen, wie man es sich gut einrichtet im eigenen Leben. Es genügt für den Augenblick, offen und neugierig auf andere Menschen zu sein. Und seien Sie bitte nicht enttäuscht, wenn nicht mehr geht als ein lieber Blick, ein scheues Lächeln. Freuen Sie sich, dass überhaupt so viel möglich war mit einem Fremden. Das ist keine verpasste Chance, sondern eine Erfahrung, mit der Sie das nächste Mal besser spüren, ob es einen zweiten Schritt geben könnte.

Sie haben es nicht in der Hand, wann der Richtige kommt. Aber Sie bestimmen, wann es diese tollen Momente gibt. Die Anlässe dafür zu stiften liegt allein bei Ihnen. Das geht nur, wenn Sie sich zeigen – ich meine damit nicht körperlich, sondern mit Bauch, Herz und Seele. Strategien und die verkopfte Suche an den vermeintlich richtigen Orten verschwenden mehr Energie, als einfach etwas zu machen. Tun Sie nichts, nur weil Sie es von sich erwarten oder weil etwas geschehen muss in Ihrem Leben. Ich wundere mich immer sehr, wenn selbsternannte Flirtexperten so originelle Tipps geben wie: »Werden Sie Mitglied im Fitnessstudio! Wechseln Sie den Job oder die Abteilung! Leihen Sie sich den Hund einer Freundin und hüpfen Sie mit ihm über vollgekackte Wiesen, weil dort viele nette Gassigeher herumstolpern!« Ja, tun Sie das, aber weil Sie es für sich tun wollen! Keine Maschen, keine Tricks, das geht nicht gut. Schließlich möchten Sie von Anfang an von einem Partner geschätzt werden, wie Sie sind.

Er sagt: Du hast recht, Jurate: Planung ist tödlich. Verzweifelt suchende Menschen haben etwas Tragisches. Sie sind einfach nicht anziehend.

Ich habe mal zwei Jahre in Stuttgart gelebt, habe dort ein widerwilliges Single-Dasein geführt und mich in diesen vierundzwanzig Monaten auf partnersuchenden Kneipentouren, Discobesuchen, Vernissagen und Konzerten so oft und übel zum Affen gemacht, dass ich mich wundere, weshalb nicht ganz Baden-Württemberg ein generelles Ausgehverbot für mich verhängt hat.

Meine Frau habe ich einige Jahre später auf einer kleinen Party bei einem Freund kennengelernt – als ich am allerwenigsten damit rechnete, dass mich das Glück an diesem Tag auf der Liste haben könnte. Ich hatte sie schon vorher ein paarmal flüchtig gesehen, besonders aufgefallen war sie mir ehrlich gesagt nie. An diesem Abend haben wir uns einfach nett unterhalten. Sie saß halt da, wo ich auch saß (in der Nähe des Buffets). Vorwiegend habe ich geredet. Ich bin nämlich ein Quassler. Wenn ich sie zwischendurch auch mal zu Wort kommen ließ, war ich allerdings äußerst angetan von ihrem Witz und ihrem Einfühlungsvermögen.

Dass sie etwas wirklich Besonderes ist, habe ich aber erst so etwa um ein Uhr nachts bemerkt. Da ging die Party zu Ende, und wir zogen weiter zu einem Konzert auf die Reeperbahn. Da standen wir also, in einem verqualmten Club, jeder ein Bier in der Hand, während auf der Bühne eine zweitklassige Band üblen Schweinerock produzierte. Ich sah sie an, die zukünftige Frau meines

Lebens, und die Erkenntnis traf mich wie ein plötzlicher Blitzschlag: Mein Gott, die ist ja großartig! Von da an habe ich vermutlich nur noch Stuss gequasselt. Wir sind getrennt nach Hause gegangen, ich habe sie jedoch gleich am nächsten Tag angerufen. Wir trafen uns wieder und wieder – und heute ist sie die Mutter meiner Kinder.

Sie sagt, an diesem Abend, als ich mich in sie verliebte, sah ich so entsetzlich aus, dass ich jeden Modedesigner in den Freitod getrieben hätte. Ich trug einen viel zu engen und zudem knallroten Pulli, eine kriminell unmodische Jeans, meine Frisur war gar keine und rasiert hatte ich mich auch nicht. Es kann sein, sagt meine Frau, dass sie mich damals gerade deswegen so interessant fand. Ich war definitiv kein Aufreißer, offenbar grotesk uneitel und zweifelsohne der unroutinierteste Flirter, der ihr je untergekommen ist. Die Frau, mit der ich alt und grau zu werden gedenke, mag Gott sei Dank Trottel und Fettnäpfchentreter. Ich hätte sie nie erobert, wenn ich irgendwelche Flirt-Ratgeber beherzigt hätte und sie den freundlichen Trottel in mir nicht hätte entdecken können.

Aus diesem Grund, lieber Leser, gebe ich Ihnen auch nur diesen einen, universell gültigen Tipp: Gehen Sie einfach dorthin, wo Sie sich wohl fühlen, und tun Sie einfach das, was Sie so tun. Es gibt da draußen haufenweise Frauen, die Sie genau so lieben würden, wie Sie sind. Solange Sie jedoch eine Show abziehen, werden sie allesamt an Ihnen vorbeilaufen.

Wie mache ich mich bemerkbar?

Sie sagt: Das haben Sie längst. Mit diesen Blicken, die nur für *ihn* bestimmt sind: drei Sekunden lang hinsehen, dann wegschauen und die Lider niederschlagen. Jetzt gleich wieder gucken, diesmal mit etwas nach oben gezogenen Augenbrauen, weil das charmant und ein bisschen unschuldig wirkt. Ach, es ist wunderbar, dieses verheißungsvolle Augenspiel von Frau zu Mann!

Das müssen Sie nicht lernen. Die Forschung sagt, dass Flirten als eine Art genetisches Erbe in uns steckt. Sobald ein für uns attraktiver Vertreter des anderen Geschlechts den Raum betritt, verwandeln sich all unsere bisherigen Aktivitäten in sexuelle Signale. Flirten ist nichts anderes als die intelligente Lösung der Natur, den Partner anzulocken, der gesund, attraktiv und stark genug für die Fortpflanzung erscheint. Daran ändert auch die Tatsache nichts, dass unser Sexualverhalten heute primär den Lustgewinn zum Ziel hat. Die Locksignale sind immer die gleichen: Neben den aufmunternden, lockenden Blicken der Frauen sind das die großen Gesten der Männer, die pompös herumgestikulieren oder breitbeinig dastehen. Alles, um der Auserwählten Folgendes klarzumachen: »Hey, Baby, vertraue mir. Ich bin groß und stark, aber ich würde dir nie etwas Böses tun. Wir sind ja hier in meinem Revier.«

Obgleich ein Mann gerne glaubt, er habe sein Objekt der Begierde auf sich aufmerksam gemacht, beweisen Forschungen, dass Flirten fast immer eine weibliche Entscheidung ist. »In zwei Dritteln der Fälle unternehmen Frauen den ersten Schritt«, sagt die Psychologin Monica Moore von der Webster-Universität in St. Louis, Missouri.

Ich persönlich mache es mir mittlerweile leicht. Ich lächle, wenn mir gefällt, was ich sehe. Manchmal sage ich »Hallo« dazu, mehr nicht. Die einfachen Gesten öffnen Männern das Herz. Ein Lächeln ist für einen Mann der Beweis, dass er eine Frau zum Strahlen bringen kann – und glücklich machen könnte. Ein Hallo kann ihn dahinschmelzen lassen, sobald der Ton die Mischung aus Verlockung und Zurückhaltung trifft. Mit diesem harmlosen Wort geben Sie sogar einem schüchternen Klassemann die Eintrittskarte in Ihre Welt. Ob er etwas daraus macht und die Einladung überhaupt versteht (43 Prozent der Männer tun sich laut einer Emnid-Umfrage damit nämlich schwer), ist seine Sache. Sie jedenfalls haben Ihre toll gemacht. Bei den Studien von US-Psychologin Moore zeigte sich auch, dass die Körpersprache viel wichtiger ist als die Schönheit einer Frau. »Eine attraktive Frau wird viele Reaktionen bekommen – aber weniger als eine nicht so attraktive Frau, die mehr flirtet«, so die Forscherin.

Aber Achtung: Wir Frauen flirten gelegentlich um des Flirtens willen und nach Senta Bergers Devise, dass Flirten ein »Training mit dem Unrichtigen für den Richtigen« ist. Mancher Mann hält dann bereits für Interesse, was freundlich bis höflich gemeint ist. Gehen Sie darum sorgsam um mit sehnsüchtigen Männerherzen, die schon lange heimlich von einer wie Ihnen träumen. Aus einigen Abfuhren klug geworden, verlassen sich viele nur noch auf den maximal direkten Hinweis. Einen verriet mir mein Freund Ivan nach einem Date mit einer seiner Sehnsuchtsfrauen: »Wenn sie sich nach der Verabschiedung noch einmal zu dir umdreht«, sagte er zu mir, »dann weißt du, du hast eine Chance.« Das ist romantisch und wahr. Wir tun das nicht nur, damit ein Mann sieht, wie gut die Dinge für ihn stehen. Wenn wir zurückblicken, wollen wir ebenfalls etwas Wichtiges wissen: Schaut er uns nach? So lange, *bis* wir uns umdrehen? Dann ist er es wert.

Er sagt: Wenn Sie einen Knackarsch Ihr Eigen nennen, über ausgesprochen schöne Augen und/oder einen absoluten Super-Body verfügen: Glückwunsch! Mindestens 90 Prozent aller anwesenden Frauen haben Sie garantiert in jenem Moment bemerkt, in dem sie den Raum betreten haben.

Für uns andere Männer, uns Nicht-Models, ist die Sache komplizierter. Die Attribute, die uns reizvoll machen, sind äußerlich nämlich nicht erkennbar. Wir können smart sein, sensibel, witzig, originell, einfühlsam, spontan, gute Liebhaber oder großartige Zuhörer, Tröster, Aufmunterer. Das Leben mit uns wäre voller Überraschungen. Wir machen unseren Freundinnen am Abend nach einem stressigen Tag spontan einen Obstsalat, wir massieren ihnen ungefragt die Füße, wenn sie auf dem Sofa liegen, wir besuchen heimlich einen Tanzkurs und schockieren sie bei der nächsten gediegenen Familienfeier mit elegantem Hüftschwung. Wir machen ihnen ehrliche und ungewöhnliche Komplimente und erwarten dafür nicht jedes Mal Sex als Belohnung. Wir bringen selbst die übelste Morgenmufflerin schon beim Frühstück zum Lachen und mit etwas Glück die verkrampfteste Katholikin zum mehrfachen Orgasmus. Und doch werden wir im öffentlichen Raum immer das Nachsehen haben. Weil nämlich irgendwo in unserer Nähe immer einer dieser knackärschigen Strahlemänner herumlungert und alle weiblichen Blicke auf sich zieht.

Wir Normalos müssen verbal auftrumpfen, ein originelles Gespräch anleiern, in relativ kurzer Zeit unsere menschlichen Qualitäten spürbar machen. Ein schweres Unterfangen, denn gerät der Einstieg holprig, ist unser Gegenüber unverzüglich desinteressiert. Wir sind dann für sie nur ein Labersack mehr in einer langen Reihe von Labersäcken. Frauen werden zeitlebens ausgiebig vollgesülzt – deshalb haben sie diesbezüglich einen ganz dünnen Geduldsfaden.

Mitunter klappt's jedoch auch im indirekten Anspiel. Steht man zum Beispiel in einer Gruppe, kann man im Gespräch mit anderen Leuten seine Originalität unter Beweis stellen. Durch unser Stimmvolumen wird auch die Frau, die wir zu beeindrucken gedenken, daran teilhaben. Gott sei Dank sind Frauen eine neugierige Spezies und belauschen relativ ungeniert fremde Gespräche. Mit dem Charme-Bonus, den wir im Über-die-Bande-Flirten erkämpft haben, steigt die weibliche Bereitschaft, uns wohlwollend im nun folgenden One-to-one-Dialog zu begegnen, beträchtlich.

Wer's weniger kompliziert bevorzugt: Männer können natürlich auch einfach nur lächeln. Schelmisch, strahlend und verführerisch. Vielleicht spricht ja SIE uns an? Wir freuen uns – egal, wie holprig ihr Gesprächseinstieg gerät.

Die Kontaktaufnahme: Abwarten oder Draufstürzen?

Sie sagt: Es kommt darauf an, was Sie wollen. Einen netten Abend mit guten Gesprächen? Spaß mit unverbindlichem Sex? Dann gibt es nichts zu verlieren und alles, was Sie sich in diesem Augenblick wünschen, zu gewinnen. Lassen Sie ihm einen Drink zukommen, schieben Sie einen Bierdeckel mit Ihrer Telefonnummer hinüber, fordern Sie ihn zum Armdrücken auf und finden Sie heraus, was Sie sich noch so alles trauen. Falls es um Ihr wild schlagendes Herz geht: Überlassen Sie dem Mann die Initiative. Laut einer Forsa-Umfrage stehen zwar rund 72 Prozent der Herren auf Damen, die direkt zeigen und sagen, was sie wollen, aber nur, wenn sie eine Beziehung mit solch einer selbstbewussten Frau haben. Sie gibt einem Mann das Gefühl, dass er nicht allein dafür verantwortlich ist, sie glücklich zu machen. Sie nimmt ihr Leben in die Hand, und wenn sie das richtig, richtig gut macht, darf sie ihm manchmal sogar zeigen, wo's langgeht. Das findet er dann toll, weil er weiß, dass in einer ebenbürtigen Beziehung mal der eine führt und mal der andere. Aber ganz am Anfang, da will er der Macher sein. Deshalb sind zu seiner Ermunterung nie mehr als ein Lächeln und ein Hallo nötig. Dann unbedingt abwarten. Sie brauchen Zeit, um abschätzen zu können, wie interessiert der Mann wirklich ist. Bleibt er am Ball? Schweifen seine Blicke weiterhin durch den Raum oder bleiben sie länger und länger an Ihnen hängen? Kommt er nach der Augenbalz maximal mutig auf Sie zu?

Es mag schüchterne, unerfahrene und begriffsstutzige Männer geben, doch die Erfahrung lehrt, dass fast alle sich das Erobern nicht nehmen lassen wollen. Für sie – hier geht wohl der alte Höhlenmensch mit ihnen durch – scheint dies die Garantie zu sein, dass die Frau ihren Wert kennt und nicht für jeden zu haben ist. Das ist sie ja sowieso nicht. Aber einige Typen werden den Unterschied zwischen »offen sein« und »leicht zu haben« wohl nie verstehen. Und welche Frau will überhaupt einen Mann, der so denkt?

Warum ich trotzdem für das Prinzip der zweideutigen Eindeutigkeit plädiere: Ich möchte sehen, dass er selbstbewusst genug ist, eine wie mich haben zu wollen.

Er sagt: Zwei Dinge, die Frauen unbedingt wissen sollten: 1) Männer sind selten so gelassen und selbstbewusst, wie sie einen glauben machen wollen. 2) Je cooler und lockerer sich ein Mann bei der ersten Flirt-Kontaktaufnahme zeigt, desto weniger wichtig und ernst ist es ihm.

Ist doch eigentlich auch logisch: Wenn ich eine Frau sehe, die mich wirklich vom Hocker haut, die ich unbedingt kennenlernen will, die mich aufrichtig fasziniert, dann kann ich doch gar nicht entspannt sein, wenn ich sie anspreche. Ich kann so gut wie möglich die Illusion von Coolness aufbauen, weil Frauen ja bekanntermaßen nichts mehr verachten als unbeholfene Männer, aber tief in mir drin zittert und schlottert es. Denn ich weiß: Wenn ich das jetzt versaue, kriege ich keine zweite Chance. Und das wäre entsetzlich.

Spreche ich eine Frau dagegen nur aus vager Anziehung heraus an, tief in meinem Innersten ahnend, dass selbst im besten Falle wohl kaum mehr als guter, unverbindlicher Sex dabei herauskommt, habe ich nicht wirklich etwas Gravierendes zu verlieren. Da kann ich dann ganz locker sein. Und so flirten wir Kerle zwangsläufig stets mit jenen Frauen am effektivsten und souveränsten, die uns nur gefallen, aber nicht begeistern. Und das ist irgendwie unfair. Für alle Beteiligten.

Wichtige Frauen dieser Welt, horcht deshalb auf: Nehmt unsere verbalen Ungeschicklichkeiten, unsere Fettnäpfchentritte und sporadisch holzfällerartige Körpersprache in bestimmten Situationen als das Kompliment, das es tatsächlich ist. Wir sind nämlich aufgeregt. Weil *ihr* aufregend seid.

Es gibt noch ein Drittes, was Frauen über Männer wissen sollten: Wir sind manchmal in unserer Wahrnehmung stark behindert. Subtilität ist weiß Gott keine männliche Stärke. Ich habe in den letzten Jahren ein paarmal Frauen getroffen, die ich früher kannte und dann lange nicht mehr gesehen hatte. Mehr als einmal habe ich von denen den Satz gehört: »Mann, ich war damals so verknallt in dich!« Selbst von Nadja, in die ich selbst unsterblich verliebt war und von der ich stets dachte, sie schätze mich nur als guten Kumpel, musste ich das erfahren. Viel zu spät. Ehrlich: Ich hatte keine Ahnung!

Frauen denken, sie senden Signale aus, sie informieren uns über ihr grundlegendes Interesse an uns, sie ermutigen uns mit Blicken und Gesten, auf sie zuzukommen. – Aber wenn ihr wirklich sicher sein wollt, dass wir das auch mitkriegen: Schickt uns eine SMS, wedelt mit Signalflaggen oder springt uns einfach auf den Schoß und knutscht uns wild ab! Wir sind blöd. Wir brauchen's manchmal wirklich deutlich. Verdammt deutlich!

Natürlich kenne ich die Theorie, dass wir Männer unbedingt die Eroberer sein wollen. Und manchmal frage ich mich ernsthaft, wen diese Meinungsforschungsinstitute da eigentlich immer befragen. Studien aus den USA kann man kaum auf unsere Längengrade übertragen, weil die kulturellen und zwischenmenschlichen Diskrepanzen doch enorm sind. Die Amis wollen eben alles erobern – vom Nahen Osten bis zur Supermarktkassiererin. Hierzulande sieht es dann doch ein bisschen anders aus.

Ich behaupte, es ist ein Fakt aus längst vergangenen Zeiten, dass ein Mann partout das Gefühl braucht, eine Eroberung allein in die Wege geleitet und vollführt zu haben. Vielleicht mögen nur sehr wenige männliche Wesen der Welt so weit gehen, dass sie sagen: »Ich muss nicht Jäger sein, ich bin auch gern mal Beute.« Aber fast alle Männer, die ich in meinem Bekanntenkreis danach gefragt habe, hätten kein Problem damit, wenn eine Frau den ersten oder auch den zweiten Schritt tut. Im Gegenteil: Wir fänden das sehr erfrischend. Wir mögen nämlich selbstbewusste Frauen. Schritt drei möchten wir dann allerdings selbst initiieren, okay?

Was kommt beim ersten Gespräch gut an, was nicht?

Sie sagt: An sich ist das eine dämliche Frage. Ein gutes Gespräch kann man nicht schmieden wie einen Plan. Andererseits sind Worte, wenn es noch keine Taten gibt, das, woran man sich festhalten kann wie an einem vollen Glas Aperol Sour. Also dann, wie macht man sich noch interessanter, als man im Moment, eine Wundertüte auf zwei Beinen, für diesen Fremden bereits ist? Eine reizvolle Frau ist am Anfang vor allem eins: nicht berechenbar. Sie darf nicht kühl und distanziert sein, aber auch nicht allzu durchlässig. Sie sollte ein bisschen ermutigend und ein bisschen abweisend sein. Klar klingt das anstrengend. Aber dieses Hü-und-hott-Spiel kann sehr hilfreich sein, wenn man noch nicht weiß, was man von dem Mann will. Und Ihre Absichten sind Ihnen in diesem Moment ja nur insoweit klar, als dass er Ihnen gefällt und Sie ihn kennenlernen wollen, richtig? Bis auf Ihre Eindrücke von Aussehen und Körpersprache haben Sie keine verlässlichen Informationen. Zu viel verbalisierte Euphorie könnten Sie da bald bereuen, falls der Mann zwar wie ein Sexgott aussieht, aber unterirdisch blöd ist.

Der Psychologieprofessor Richard Wiseman von der britischen Uni Hertfordshire fand heraus, dass Anmachen am besten funktionieren, wenn sie so originell sind, dass sie zum Lachen und Herumspinnen einladen oder persönliche, aber nicht allzu intime Informationen einfordern. Er ließ für eine Studie hundert männliche und weibliche Studenten an einem großen Speeddating Event teilnehmen und vorher festgelegte Sprüche aufsagen. Die Männer mussten abwechselnd mit einem konventionellen (»Woher kommst du?«, »Was machst du?« usw.) und einem ausgefalleneren Satz das Gespräch beginnen. Das Ergebnis: Bei der Mehrheit der Frauen kam der Spruch »Wenn du ein Stern sein könntest, welcher möchtest du sein?« am besten an. Klingt blöd, ist aber schlau. Er zeigt, dass der Mann die Angesprochene nicht mit plumpen Vergleichen (»Deine Augen sind wie leuchtende Sterne«) einfangen möchte, sondern sie auffordert, sich selbst mit einem Stern zu vergleichen. Vielleicht behandelt er ja einen neuentdeckten Stern in einer Beziehung wie seinen Augenstern. Was denn, zu weit gedacht? Aber es ist möglich. Der von den männlichen Teilnehmern am positivsten bewertete Satz war: »Welchen Pizza-Belag magst du am liebsten?« Irgendwie wieder blöd und irgendwie wieder schlau. Die Frau zeigt damit, dass der Mann für sie nicht als Superheld, sondern als Mensch interessant ist. Später wird es eben genau darum gehen, seinen Geschmack, seine Angewohnheiten, seine Wünsche und Bedürfnisse mit den eigenen zu koordinieren. Trinken wir zusammen einen Roten oder Weißen? Schlafen wir bei offenem oder geschlossenem Fenster? Beziehen wir eine Altbauwohnung oder ein Haus auf dem Land? Der Pizza-Belag ist da ein guter Anfang.

Letztlich soll das erste Gespräch dazu dienen, am Ende etwas Verbindlicheres in den Händen zu halten – einen Zettel mit der Telefonnummer des anderen. Und der Weg zum Ziel führt offenbar am leichtesten über ferne Kontinente: Richard Wisemann entdeckte bei der bereits erwähnten Speeddating-Studie, dass die Teilnehmer, sofern sie über Reiseziele gesprochen hatten, öfter den Wunsch äußerten, sich wiederzusehen (18 Prozent), als nach einem Gespräch über Filme (9 Prozent). Der Psychologe begründete dies damit, dass Männer und Frauen in der Regel einen äußerst unterschiedlichen Kino-Geschmack haben. So mögen zum Beispiel 49 Prozent der Männer Actionstreifen, aber nur 18 Prozent der Frauen. Sobald die Paare über Filme sprachen, erhöhte sich die Wahrscheinlichkeit mangelnder Übereinstimmung. Plaudereien über das Reisen dagegen ließen die Leute schwärmen und ein bisschen träumen. Das löste in ihnen gute Gefühle aus, weshalb sie sofort anziehender auf den anderen wirkten.

Das Wesentliche entscheidet in dieser Phase sowieso die Körpersprache. Wenn Sie ihm immer tiefer in die Augen sehen, näher an ihn herantreten, ihn ahnen lassen, wie es wäre, Sie zu berühren, und umgekehrt seine Blicke wie Streicheln empfinden, gehört dies zu der Art des Flirts, bei dem das Wichtigste entschieden ist: dass es ein Wiedersehen geben wird.

Er sagt: Liebe Frauen! Fragt uns nicht nach unserem Sternzeichen! Wir antworten zwar (»Ich bin Fische. Mmmh? Aszen... was?«), aber danach hören wir euch nur noch aus purer Höflichkeit zu. Wenn ihr uns in ein Gespräch aus den Bereichen Astrologie, Esoterik, Feng Shui, Yoga, Tarot, Weissagungen und dem unerträglich großen Es-gibt-mehr-zwischen-Himmel-und-Erde-als-die-Wissenschaft-erklären-kann-Spektrum verwickelt, ist das ungefähr dasselbe, als wenn wir euch erzählen, wie wir die 1024-RAM-Speichermodule unseres Desktops verdoppelt haben, um das volle Anti-Aliasing in »Gothic 3« auch im Online-Modus nutzen zu können.

Es gibt wissenschaftliche Studien en masse, welche Gesprächsthemen angenehm unverfänglich und geschlechterübergreifend von Interesse sind: Reiseanekdoten kommen angeblich gut an, Plaudereien über Musik und Filme auch. Gar nicht gut: Witze erzählen, sexuelle Anspielungen, exhibitionistischer Seelenstriptease (»Meine Ex hat immer gesagt, ich wäre antriebsarm und überempfindlich«). An solche Themenkataloge kann man sich halten, muss man aber nicht. Für Männer gilt vielmehr die oberste Regel: Zuhören! Jeder Mensch – nicht nur Frauen – weiß es zu schätzen, wenn man ihm ehrliches Interesse entgegenbringt. Und genau darum geht's doch beim ersten richtigen Gespräch: um echte Neugier.

Tatsächlich muss ich Widerspruch anmelden, liebe Jurate. Du schreibst, das erste Gespräch diene dazu, am Ende etwas Verbindlicheres in der Hand zu halten, zum Beispiel die Telefonnummer des anderen. Meiner Ansicht nach ist der Sinn eines solchen Gesprächs aber vielmehr, herauszufinden, ob man die Telefonnummer des anderen überhaupt haben will! Wenn sich zwei Menschen geschlagene zwei Stunden lang in allzu seichtem Smalltalk ergehen und die Frau den Großteil ihrer Energie darauf verwendet, widersprüchliche Signale auszusenden, ist man als Mann am Ende nicht viel klüger als zuvor.

Klar: Es wäre sicher übertrieben, beim ersten Plausch gleich die allerschwersten Gesprächsgeschütze aufzufahren. Die Frage, ob Kants Kritik der reinen Vernunft ein Widerspruch zu Marcuses Analyse der hedonistischen Seelenverrohung ist, dürfte in den meisten Fällen jeden potentiellen Flirt im Keim ersticken. (Ich habe allerdings solch eine Frage vor Jahren tatsächlich mal bei einem ersten Date ausgiebig diskutiert. Eine attraktive Philosophiestudentin und ich haben Billard gespielt und uns die wichtigsten Theorien der Frankfurter Schule um die Ohren gehauen. Dieser Abend – und die dazugehörige Nacht – zählen zu meinen ewigen Lieblingserinnerungen. Warum es nichts wurde aus der Philosophin und mir, erzähle ich Ihnen später im Buch.)

Reden Sie nicht exzessiv von Ihren Lieblingsthemen. Gehen Sie nicht für unendliche Monologe ins Detail. Betreiben Sie Themen-Hopping, wenn erkennbares Interesse ausbleibt. Doch bleiben Sie sich, Ihren Interessen und der Welt, in der Sie leben, treu. Und versuchen Sie gleichzeitig herauszufinden, was die Frau Ihnen gegenüber so umtreibt. Wenn sie gern politisiert, Sie selbst dagegen an der Tagesschau eigentlich nur die Sportnachrichten interessieren, wenn Sie von Reisen in exotische Länder schwärmen, von Freeclimbing und Ihrem Ironman-Training erzählen, während die Dame Ihres Interesses sich als bewegungsarme, TV-süchtige Couch-Potato outet, die in den Ferien ungern das heimische Bundesland verlässt, dann mag Ihr erstes Gespräch kein Knaller sein, es hat aber durchaus seinen Sinn gehabt. Sie haben sich nämlich ausgelotet. Darum geht's. Nicht ums schlichte Erobern.

Die Erkenntnis, dass Sie in solch einer Situation nicht alles daransetzen müssen, sich als Supertyp zu positionieren, sondern dass Sie und die jeweilige Frau schlicht zwei gleichwertige Einzelteile sind, deren potentielle Kompatibilität es zu erforschen gilt, nimmt Ihnen eine Menge Druck von den Schultern. Flirten, plauschen, sich verbal umtänzeln – das ist kein Wettbewerb. Man nennt es Kommunikation.

Nachtrag von ihr: Schon wahr, dass im ersten Gespräch Welten aufeinanderprallen können und an einen Anruf danach nicht mehr zu denken ist. Aber weißt du, Gernot, es ist so: Manchmal wollen auch wir Frauen schlicht Beute machen. Und sei es in Form einer Telefonnummer auf einem zerknüllten Zettel, den wir am nächsten Morgen aus unserer Jeanstasche holen und der uns daran erinnert, dass immer alles möglich ist, wenn wir es nur wollen.

Woran merke ich, dass er/sie mich attraktiv findet?

Sie sagt: Ein kluger Mann weiß zu verheimlichen, dass er einer Frau längst auf den Busen geschaut hat und auf den Po. Ein guter Freund und Kollege von mir, Julian, sagt zu diesem Thema etwas anderes: »Wir wollen ja gar nicht, dass ihr unsere Blicke nicht bemerkt. Aber sie sollten nicht so sein, dass ihr uns für plump haltet. Sie sollen euch antörnen und signalisieren, dass wir euch toll finden und auch schon ein bisschen begehren.« Was Männer genau begehren? Da sind sie schlicht gestrickt, das sagt sogar die Wissenschaft: Busen, Po, Beine. Sind diese Körperteile prall und wohlgeformt, signalisiert dies den Männern unbewusst Fruchtbarkeit und sexuelle Aktivität. Bevorzugt werden außerdem kindliche Gesichtszüge mit großen Augen, vollen Lippen und einem schmalen Kiefer.

Nun zur Praxis. Sprechen seine Blicke Bände und reiht er Komplimente wie die Perlen einer Kette aneinander, darf man das unbedingt genießen – jedoch nicht überlegen, wie das restliche Leben mit ihm verlaufen könnte. Seine Begeisterung kann echt sein, aber trotzdem nicht länger andauern als einen Abend. Welche Möglichkeit wahrscheinlich ist, weiß ein Mann sofort. »Es gibt Merkmale, die aus einer Kommunikation eine gelungene machen«, verriet Julian mir. »Ob wir eine Frau nicht nur hübsch finden, sondern wirklich attraktiv, merkt sie an der Wachheit im Blick, mit der wir sie anschauen und uns mit ihr unterhalten wollen. Eine Frau, die ein Mann nicht fesselnd findet, hat es unglaublich schwer, ein gelungenes Gespräch mit ihm zu führen.«

Julian und ich haben schon eine Menge gelungener Gespräche gehabt. Er darf in meine Seele schauen und ein bisschen in mein Herz. Ab und zu auch auf meinen Busen. Dass er das tut, habe ich, wenn ich es mir recht überlege, bereits bei unserer ersten Begegnung bemerkt. Ich fand's nicht plump. Es war toll. Die Welt braucht dringend noch mehr kluge Männer wie Julian.

Er sagt: Das ist nicht so einfach. Frauen sind größtenteils reizende Wesen. Selbst wenn sie uns todlangweilig finden oder äußerlich komplett unattraktiv – sie bleiben trotzdem zumeist erstaunlich freundlich. Viele Frauen lächeln im Gespräch einen Mann an, während sie eigentlich nur nach der nächstbesten Chance suchen, dieser verbalen Tortur zu entfliehen. Das Problem ist, dass Männer dieses unverbindliche, mechanische Lächeln gern mal falsch interpretieren. In Sachen Körpersprache sind wir Holzfäller, keine Kunstschnitzer. Selbst eine resignierte »Ja, quatsch du nur«-Grimasse können wir – ein großes Ego und drei Bier vorausgesetzt – als einladendes »Lass uns von hier verschwinden, damit du mir die Kleider vom Leib reißen kannst«-Lächeln fehlinterpretieren.

Deshalb komme ich auch immer noch nicht über Jurates Tipp an die Frauen hinweg, man solle einem Mann ständig abwechselnde Signale senden. Wir kommen ja selbst mit den eindeutigen schon schwer genug zurecht! Eine Frau, die einem Mann, den sie interessant findet, absichtlich sporadisch Desinteresse signalisiert, weckt nicht zwangsläufig seinen Jagdinstinkt. Unter Umständen schickt sie ihn einfach weg.

Es könnte ein Schock für die weibliche Hälfte der Bevölkerung sein, aber ich sag's einfach mal ganz offen: Diese Flirt-Spielchen, diese ambivalenten Neckereien, diese elaborierten Tricks und Kniffe – das mag für Frauen ein toller Kick sein. Männer aber fragen sich bei diesen Stimmung-wechsle-dich-Ritualen in mindestens 50 Prozent der Fälle, ob die Dame ihm gegenüber womöglich schizophrene Tendenzen hat. Mädels, macht aus eurem Herzen keine Mördergrube! Das Leben ist so schon kompliziert genug. Und ganz nebenbei: Es ist ein verdammt schmaler Grat zwischen verführerischen Spielchen und neurotischem Gehabe.

Was tun, wenn ich merke, dass er/sie doch nicht so toll ist?

Sie sagt: Wirklich anständig kommt man nie aus der Sache heraus. Eine Frau kann herumzicken, durch die Gegend gähnen, den Mann mit einem falschen Namen anreden, auf die Toilette gehen und danach unauffällig verschwinden. Aber was soll der Blödsinn, wenn er kein Riesentrottel ist? Es ist doch schöner, ein gutes und respektvolles Gefühl beim anderen zu hinterlassen, obwohl man sich nie näherkommen wird. Und er soll doch bei der nächsten Frau keine Angst haben, es wieder mit dem Ansprechen zu versuchen.

Also ein Hinweis durch die Blume? Höflich-kühles Verhalten nach der Devise »Das muss der doch spüren« kann nach hinten losgehen. »Viele Männer glauben, dass eine Frau vielleicht doch interessiert ist, solange sie nicht explizit wird«, weiß der amerikanische Dating-Experte Don Diebel. Der beste Weg: anständige Ehrlichkeit. Nicht sagen: »Du bist der größte Fehltritt meines jungen Lebens«, sondern lieber weise: »Bitte entschuldige, aber ich würde gern gehen. Ich habe bei diesem Gespräch das Gefühl, dass wir nicht besonders gut zusammenpassen.« Da ist jeder fein raus.

In den meisten Fällen muss man gar nicht viel tun, weil beide ein maues Gefühl haben. Es kommt eher selten vor, dass der eine völlig entflammt ist und der andere nicht. Interesse kann nur wachsen, wenn es auf Gegenseitigkeit beruht. Alles andere ist nicht sonderlich gesund.

Er sagt: Meistens geht's mit Stil und Würde. Anders als bei Männern, die sich mitunter auf eine von ihnen anvisierte Frau stürzen wie ein Primat auf eine Staude Bananen, kommt es bei Frauen deutlich seltener vor, dass sie ihr Interesse an einem Mann mit grenzaufdringlicher Vehemenz kundtun. Im Allgemeinen erstickt ein Flirt im Keim, wenn man als Mann auf zaghafte einladende Gesten einfach nicht reagiert. In mindestens zwei Dritteln der Fälle besteht der weibliche Beitrag zu einem Flirt darin, dem Mann die generelle Bereitschaft zu signalisieren, seine Annäherungsversuche anzunehmen. Wenn diese Annäherungsversuche von ihm dann einfach nicht kommen – alles klar. Kein Problem.

In den eher raren Fällen, dass eine Frau unser subtil kühles Verhalten nicht als Statement unseres Desinteresses begreift, wird die Sache komplizierter. Jurates wertvoller Rat, einen deutlichen Satz à la »Ich habe das Gefühl, dass wir nicht besonders gut zusammenpassen« auszusprechen, funktioniert leider nur, wenn eine Frau ihn zu einem Mann sagt. Ein Mann ist gemeinhin der vordergründig aktive Teil eines Flirts. Es ist eine unausgesprochene Tatsache, dass er um eine Frau wirbt. Eine Frau kann es dagegen als Demütigung empfinden, wenn man ihr deutlich sagt, dass sie gerade an einer vergeblichen Verführung arbeitet, wo sie doch hoffte, dass ihr Plan als solcher gar nicht erkennbar war. In solchen Fällen kann es für die Frau fast angenehmer sein, wenn sich der Mann schlicht mit einer höflichen Ausrede verkrümelt.

Und vor allem: Macht keinen One-Night-Stand draus, Jungs! Eine Frau, die mit aufrichtigem Herzklopfen flirtet, ist ein verdammt leichtes Opfer. Wenn sie selbst auch nur auf unverbindlicher Spaßjagd wäre: fein. Wenn sie aber offensichtlich an mehr als dem bloßen Austausch von Körperflüssigkeiten interessiert ist, solltet ihr die Hose oben lassen. Der nächste Morgen könnte nämlich für beide sehr deprimierend werden, und ihr werdet euch, zu Recht, vorwerfen lassen müssen, ein ausgemachtes Arschloch zu sein.

Wie geht es weiter, wenn der Flirt vergeben ist?

Sie sagt: Es macht keinen Unterschied, ob er verheiratet ist oder »nur« liiert, ob er Kinder mit seiner Partnerin hat oder nicht. Selbst die »leichtere« Konstellation – kein Kind, nicht verheiratet – ändert nichts an den Folgen einer Vertiefung dieser Begegnung: Leid für alle Beteiligten. Leid für die Geliebte, der prickelnder Sex eines Tages nicht mehr genug ist, die den Mann ganz haben und ganz von ihm gewollt werden will. Leid für seine Freundin oder Frau, die es irgendwann erfährt, weil ihm bei der Koordination seines Doppellebens unweigerlich ein Fehler unterlaufen wird. Leid für ihn, weil er die eine Beziehung kaputtgemacht hat und – so sie denn tatsächlich beendet wird – mit dieser Hypothek die andere nicht dauerhaft wird leben können.

Ein paar Zahlen: Jeder Zweite geht heute fremd. Erwiesenermaßen ist sexuelle Unzufriedenheit der Hauptgrund für Untreue, bei 76 Prozent der Männer und 84 Prozent der Frauen, wie Psychologen der Uni Göttingen herausfanden. Aber auch die Sehnsucht nach Geborgenheit und Zärtlichkeit gehört dazu.

Es ist bestimmt nicht das erste Mal, dass dieser Mann jemandem in die Augen schaut und denkt: unglaublich, aufregend, anziehend. Das ist Chemie, das ist die Macht der Natur, die sich nicht um Eheringe, Verantwortung und Treueschwüre schert. Vielleicht sind Sie tatsächlich die Erste, bei der er diesen magischen Moment nicht zu Ende gehen lassen möchte, weil er spürt, dass Sie mehr sind. Eine, von der er bisher nicht dachte, dass es sie gibt. Trotzdem. Es gibt so viele andere Männer da draußen. Darunter ist mindestens einer, mit dem sich die Begegnung vielleicht anders anfühlt, leiser, unauffälliger, mit weniger Schmetterlingen im Bauch. Aber manchmal ist eine Nummer kleiner auch sehr schön, wenn man dafür nichts verheimlichen muss.

Falls Sie das Gefühl doch ausleben wollen, dann tun Sie das rückhaltlos. Ja, wirklich. Mit allem, was dazugehört, von himmelhoch jauchzend bis zutiefst betrübt. Wie sagen es die Alten: Man bereut nur das, was man sich nicht getraut hat. Vielleicht kommt es tatsächlich so weit und er gehört zu denen, die ihren Partner aus freien Stücken für die heimliche Geliebte verlassen. Doch so weit soll man gar nicht denken. Es gibt im Augenblick nur zwei Fragen, die Sie sich beantworten müssen: Ist er das wert? Und: Kann ich das alles aushalten? Eins dürfen Sie nie vergessen, egal ob die Affäre eine Woche, einen Monat oder Jahre dauern wird: Sie haben ihn *mit und in* seiner Lebenssituation ausgewählt und können nicht erwarten, dass er sie Ihretwegen ändert. Sie können nur jederzeit Ihre ändern und sich von ihm abwenden, in die andere Richtung gehen. Entweder gleich und den schönen Moment mitnehmen. Oder später, dann mit den schönen Erinnerungen. Die Wahl, die hat man immer.

Er sagt: Ich habe Ihnen weiter vorn im Buch von einer Philosophiestudentin erzählt, mit der ich vor vielen Jahren mal einen richtig tollen Abend, bestehend aus Kneipenbillard, viel Gelächter, einer existenzialistischen Grundsatzdiskussion und wunderbar unkompliziertem Sex, hatte. Ich hätte mich Hals über Kopf in sie verlieben können. Nur: Sie hatte damals einen Freund. Und das war der Grund, warum ich dieser Begegnung keine weiteren folgen ließ.

Es war nicht so, dass ich moralische Bedenken gehabt hätte, sie ihm auszuspannen. Womöglich wäre es mir sogar gelungen, keine Ahnung. Mein Problem bestand darin, dass ich dann eine Beziehung zu einer Frau gehabt hätte, von der ich weiß, dass sie es mit der Treue nicht so genau nimmt. Wenn sie ihren Kerl mit mir betrügt, war meine Theorie, ist es nur eine Frage der Zeit, bis sie mich auch mit einem anderen Typen hintergeht. Auf diesem Fundament hätte ich – monogamer Romantiker, der ich bin – nichts aufbauen können.

Eine extreme Sicht der Dinge? Vielleicht. Aber niemand kann über seinen Schatten springen. Heißt das, eine Affäre mit einem vergebenen Partner verbietet sich per se? Nicht unbedingt. Man muss eben nur auf mehr gefasst sein als im Normalfall.

Frauen sollten Folgendes wissen: Kaum ein Mann verlässt seine Frau in dem Moment, in dem er sich eingesteht, dass er nicht mehr glücklich ist. Die meisten Männer gehen aus ihrem Unglück heraus erst einmal fremd und versuchen auf diese Weise herauszufinden, ob »da draußen« etwas Besseres wartet als das, was sie zunehmend als frustrierend grauen Beziehungstrott empfinden. Wenn ein Mann sich von seiner Frau trennt, dann hat er sich meist zuvor eine neue Partnerin »aufgebaut«, zu der er in fließendem Übergang wechselt. Männer sind Luschen. Sie springen nicht ohne Sprungtuch. Es gibt also durchaus die Chance, dass eine Frau, die etwas mit einem gebundenen Mann anfängt, irgendwann dessen neue Lebensgefährtin wird. Größer ist allerdings die Wahrscheinlichkeit, dass der Kerl a) langfristig zu der Erkenntnis kommt, dass die Welt »da draußen« ihn auch nicht mehr begeistert als das, was er schon hat, oder b) er gar nicht eine neue Beziehung anpeilt, sondern bloß Sex.

Frauen sind oft komplexere Persönlichkeiten als Männer, aber sie sind nicht grundlegend anders. Denn natürlich gibt es verheiratete/liierte Frauen, die nichts anderes wollen als unkomplizierte Triebbefriedigung. Fein. Andere dagegen wollen, wie Männer auch, beim Seitensprung ihr Ego aufmöbeln, vergessene Gefühle der Leidenschaft neu entfachen oder tatsächlich ganz bewusst die Möglichkeiten eines neuen Lebenspartners ausloten. Eine Romanze mit einer Frau, die zu Hause einen nichtsahnenden Kerl sitzen hat, kann durchaus zu etwas führen. Muss aber nicht. Doch egal, was am Ende daraus wird: Komplizierter, stressiger und gefährlicher für das eigene Seelenleben als eine Normal-Romanze ist es allemal.

Wer fragt wen nach der Telefonnummer?

Sie sagt: Die Amerikaner lassen wirklich nichts aus. In den USA befolgen Mädchen wie gestandene Frauen im 21. Jahrhundert die sogenannten *rules*, um einen Typen an Land zu ziehen. Diese sind die Quintessenz eines seit Jahren erfolgreichen Ratgebers: Eine Frau sollte bei einem Mann die ganze Zeit über so tun, als sei sie eigentlich zu eingespannt, zu toll und zu wenig interessiert, um ihn näher kennenzulernen oder gar glücklich mit ihm werden zu wollen. Natürlich befiehlt das Regelwerk, bei der Telefon-Frage NICHT als Erste anzurufen, NICHT immer sofort zurückzurufen und Telefongespräche als ERSTE zu beenden, damit man nicht Gefahr läuft, zu viel zu reden und ihn zu langweilen. Man dürfe nie vergessen, heißt es weiter, der Mann sei in dieser Phase der »Gegenspieler«, der die Frau verletzen könne, indem er danach nie wieder anruft. Langeweile? Verletzen? Gegenspieler? Mir wird bei solchen Tipps unwohl, weil sie es Männern und Frauen noch schwerer machen, zueinanderzufinden, als es heute schon ist. Erstens: Spielchen werden das Interesse eines Mannes kaum verstärken, eher abschwächen. Zweitens wird man in der Liebe nie das Risiko ausschließen können, Verletzungen und Narben davonzutragen. Das ist der Preis dafür, dass man sich öffnet, einem anderen Menschen und dem ganzen großen Wagnis Leben. Aber verletzt werden von einem Mann, den man kaum kennt? Ich glaube nicht. Deshalb: Fragen Sie ihn nach seiner Telefonnummer, wenn Sie Lust darauf haben. Sie können es ja neutraler formulieren und fragen: »Sollen wir unsere Nummern tauschen?« Entscheidend ist die innere Haltung und nicht äußeres Verhalten. Sie müssen keinem Mann vormachen, eine unabhängige Frau zu sein, denn Sie sind es. Eine mögliche Abfuhr lässt sich im modernen Kommunikationszeitalter zudem recht schmerzfrei halten, wenn Sie ihm am Tag danach (das mit den drei Anstandstagen haken wir ebenfalls gleich ab) eine erste SMS schicken, unverbindlich-verbindlich formuliert. Da ist weder die Würde noch das Herz verloren. Sie können ihn auch anrufen und herausfinden, was Sache ist. Es gibt drei Möglichkeiten: Er wird sich freuen, ausweichen oder blöd daherreden. Lässt sich alles aushalten und das Leben geht gleich weiter.

Die einzige Regel bei der Telefonfrage ist: Es gibt keine. Jede Begegnung ist anders, jede einzigartig. Mal fragt der Mann nach der Nummer, mal die Frau. Diese Frage stellt keine Weichen, wer später, am nächsten Tag, in einer Woche, in einer Beziehung mehr will, mehr macht, mehr liebt. Oder mehr anruft.

Er sagt: Liebe Jurate, dem ist nichts hinzuzufügen. Wer eine Nummer haben will, muss was dafür tun.

Soll ich alles gleich meinen Freunden erzählen?

Sie sagt: Es kann ein Augenöffner sein. Wir Frauen neigen dazu, am Anfang alles auszublenden, was nicht zu einer Riesenchance passt. Dass der neue Typ sich gewunden hat, zu sagen, wo er wohnt (nicht allein?), uns »eine echt süße Maus« nannte (und er ist ein süßer Mäuserich?) oder uns zu beeindrucken versuchte mit verschwurbelten Ansichten à la »Eine Familie ist Gift für die Kreativität eines Künstlers« (frei nach Franz Kafka). Mein Glanzstück ist folgendes Anfangsbekenntnis eines Ex-Freundes: »Du bist der Beweis dafür, dass Frauen eine gute Sache sind, trotz allem.« Dreimal hurra, und ich bin darauf reingefallen. Das »trotz allem« bezog sich nicht auf irgendwelche fiesen Taten seiner Ex-Freundinnen, sondern auf seine eigene Frustration, weil er das Lieben und viele andere Dinge nicht auf die Reihe kriegt. Die Schuld daran wälzt er bequemerweise auf andere ab, ja, auf mich inzwischen auch. Das ist einfacher, als kräftig an sich zu arbeiten, um eine gute Partnerschaft hinzubekommen. In meiner hintersten Gehirnwindung leuchtete zwar das Warnlämpchen auf, aber irgendwie wollte ich dringend, dass aus uns etwas wird. Dass aus mir etwas wird: eine Frau mit einer ernsthaften Beziehung. Was ja grundsätzlich nicht falsch ist. Und wer sieht schon klar, wenn er sich verknallt hat? Da ist es hilfreich, sich ein neutrales Urteil einzuholen. Ich jedenfalls habe nach dieser Geschichte beschlossen, Ungereimtheiten für ungereimt und komische Aussagen für komisch zu halten. Dann teile ich der allerwichtigsten Freundin meinen Argwohn mit und schaue, wie sie reagiert. Bislang hat mich das vor einer weiteren Dummheit bewahrt.

Andererseits: Es gibt Freunde, die schlechtmachen, was gut ist für einen selbst, aber nicht für sie. Weil sie in einer langweiligeren Situation sind, zum Beispiel zu lange in einer ausgeleierten Beziehung oder in einer nicht enden wollenden Singlephase stecken. Weil sie befürchten, dass eine große Veränderung das System aufbrechen könnte und sie dann nicht mehr so viel Platz im Leben der frisch Verliebten hätten. Wenn sie einen Kerl hat, mit wem soll ich jeden Abend telefonieren? Den Sonntag verbringen? Zur nächsten Party gehen? Eifersucht, Angst und Neid kommen in den besten Freundschaften vor. Beginnt der eine etwas Neues, bedeutet das für den anderen, dass er zurückgeworfen wird auf sich selbst. Entscheiden Sie darum sorgsam, wem Sie was erzählen. Nicht aus Misstrauen, sondern aus Rücksicht. Manche Freunde hören nicht einfach nur zu, wenn man alles über diese wunderbare Begegnung loswerden möchte. Sie bewerten die Sache, gleichen sie mit den eigenen Erlebnissen und Sehnsüchten ab. Das ist nicht böse gemeint, doch bringt es beide nicht weiter. Nicht jeder Freund oder jede Freundin muss in Ihr Herz schauen. Es gibt noch so vieles, was man mit Freunden machen kann, zum Beispiel mit Julia ins Kino gehen, mit Peter um die Häuser ziehen, mit Markus über Gott und die Welt philosophieren. Dem neuen Mann können Sie dann erzählen, was Sie Tolles mit Ihren Freunden erlebt haben. Gelegentlich getrennte Wege zu gehen macht die Liebe auf Dauer spannend. Das nur am Rande, denn so weit sind wir noch nicht.

Er sagt: Diese Frage stellt sich eher den Frauen als den Männern. Denn unsere Kumpel sind an entsprechenden Geschichten sowieso erst so richtig interessiert, wenn etwas Gravierendes – sprich: Interaktion in unbekleidetem Zustand – passiert ist. Ein simples »Du, ich hab da eine Frau kennengelernt. Wir haben erst einmal ganz toll miteinander geredet …« haut keinen Mann vom Gesprächshocker. Wir Jungs registrieren solche Äußerungen unseres Gegenübers schlicht als Fakt, drücken unserem Freund die Daumen, dass etwas daraus wird, und enthalten uns im Regelfall aller Kommentare. Was sollten wir auch sagen? Wir kennen die Dame ja gar nicht.

Die männliche Gesprächskultur mag nicht so elegant, emotional und vor allem nicht so empathisch sein wie die weibliche, aber sie ist zumindest einen Tick logischer. Wenn eine Frau einer anderen Frau von ihrer jüngsten Der-könnte-der-Richtige-für-mich-sein-Episode erzählt, redet sie nämlich eigentlich mit sich selbst. Durch die Art, wie sie die Sachlage schildert, präsentiert sie die Fakten (oder eine Variation derselben) auf eine eigene, komplett subjektive und manipulative Art und Weise. Ihre Gesprächspartnerin kann sich ja in Ermangelung eigener Erkenntnisse kein wirkliches Bild von der Lage (und dem Mann) machen. Die Gesprächsführung liegt also komplett in der Hand der skeptischen Flirterin. Die Zweifel an dem entsprechenden Mann, die sie von ihrer Freundin womöglich zu hören bekommt, sind schlicht ihre eigenen. Und falls sie von ihrer Freundin ermutigt wird, es mit dem Kerl ruhig zu wagen, ermutigt sie sich eigentlich selbst. Denn was ihre Freundin zu ihr sagt, hat sie ihr mehr oder weniger in den Mund gelegt. Es gibt zwischen Männern und Frauen einen ganz wesentlichen Unterschied in der

Denkstruktur. Ein Mann führt ein ausführliches Gespräch – egal, zu welchem Thema – in der Regel erst dann, wenn er das Ganze selbst gründlich durchdacht hat. Der Dialog dient dann dazu, die eigene Erkenntnis zu vertreten beziehungsweise auch auf ihre Plausibilität zu überprüfen.

Frauen dagegen denken, *während* sie reden. Ein Gespräch ist für sie der Teil eines Denkprozesses. Das ist nicht nur der Grund, warum emotionale Diskussionen zwischen Männern und Frauen so oft nirgendwo hinführen, es erklärt auch, warum Frauen jeden kleinen emotionalen Schluckauf mit ihren Freundinnen diskutieren müssen, während Männer lieber aus dem Fenster gucken, sich am Kopf kratzen und den neuen, potentiellen Flirt erst einmal in Ruhe für sich selbst analysieren. Es sind schlicht unsere genetisch vorgegebenen Methoden der Meinungsbildung und Gefühlsverarbeitung.

Gibt es die Liebe auf den ersten Blick?

Sie sagt: Es ist egal, wie man es nennt. Es war schon vorher da. Bevor die Liebe ein Gesicht bekam, sein Gesicht. Warum seins? Weil er das Gleiche suchte. Einen Menschen, mit dem das Aufeinanderzugehen, das Kennenlernen, das Lieben so leicht und selbstverständlich ist wie sonst nichts auf dieser Welt. Liebe auf den ersten Blick ist das Erblicken einer Möglichkeit im anderen. Im Inneren hat man sich längst auf diesen Moment eingestellt. Der Zufall entscheidet, wann die Zeit dafür gekommen ist.

Es heißt in der Psychologie, dass man bei der Liebe auf den ersten Blick den anderen ganz und gar erfasst, seine Kindheitsprägung, seine Ängste und Verletzungen, Stärken und Schwächen, seine Träume. Ich glaube eher, man spürt, dass der andere mutig, offen und reif genug ist, den großen Wurf wagen zu wollen. Doch nicht alle Menschen besitzen so viel Bauchgefühl, um gegen jede Vernunft und Konvention ihr Herz blitzartig zu verlieren. Gerade Sympathie ist etwas sehr Intuitives, sagt der Kommunikationstrainer Eric Hegmann. Wer dagegen analytisch ist in seiner Wahrnehmung und in seinen Entscheidungen, wird sich logischerweise mit der Liebe auf den ersten Blick eher schwertun, schreibt er in »Dating Regeln. So finden und fesseln Sie die große Liebe«.

Bereitsein ist die eine, der persönliche Liebesstil also die andere Voraussetzung für Blitzliebe. Der Soziologe John Alan Lee von der University of Toronto beschäftigte sich Anfang der siebziger Jahre mit den Idealen, die Menschen von der Liebe haben. Dazu las er philosophische sowie literarische Texte und leitete daraus sechs verschiedene Liebesstile ab (aus denen Psychologen den Fragebogen »Marburger Einstellungs-Inventar für Liebesstile« entwickelten, der erfasst, wie Menschen Liebe empfinden, zum Ausdruck bringen und vor allem, was sie von ihrem Partner erwarten). Da gibt es den pragmatisch Liebenden (Pragma), der sein Leben sorgfältig organisiert und nur dann eine Beziehung eingeht, wenn die Zukunftspläne in Einklang zu bringen sind. Den romantisch Liebenden (Eros), der durch Leidenschaft entflammt und aus einem erfüllenden Sexualleben Zuneigung schöpft. Den spielerisch Liebenden (Ludus), der eher Affären als eine langfristige Bindung sucht. Den freundschaftlich Liebenden (Storge), der Vertrauen und Sicherheit in den Mittelpunkt der Beziehung stellt. Den eifersüchtigen Liebenden (Mania), der ständig Aufmerksamkeit vom Partner braucht und vom Gedanken an eine mögliche Untreue des Partners beherrscht wird. Schließlich den selbstlos Liebenden (Agape), der das Wohl des Partners vor sein eigenes stellt. Lee wusste natürlich, dass sich die Liebesstile in der Realität miteinander vermengen wie Farben, die jeder Mensch individuell mischt. Dennoch kann man sich vorstellen, welcher Stil zur Instant-Liebe neigt. Storge? Unwahrscheinlich. Ludus? Schon eher. Eros? Höchstwahrscheinlich. Allerdings nur, wenn dieser Typ auf jemanden mit dem gleichen Liebesstil trifft.

Wer Liebe auf den ersten Blick erwartet, wird sie erleben. Wer Zeit braucht, um Informationen zu sammeln, Vertrauen zu fassen, eine Bindung zu entwickeln, nicht. Ihn packt das große Gefühl später – beim zweiten, dritten oder vierten Blick.

Er sagt: Manche Dinge will man doch gar nicht so genau wissen, oder? Ich habe meinen Roman »Robert Zimmermann wundert sich über die Liebe« mit folgenden Sätzen beendet: »Wenn es etwas gibt, was ich in den letzten vierzehn Monaten gelernt habe, dann ist es dies: Die Liebe lässt sich nicht kalkulieren. Sie lässt sich nicht planen, sie lässt sich nicht einmal erklären. Sie hat keine Regeln und nur ein einziges Gesetz: Sie stirbt, wenn man aufhört, sich über sie zu wundern.« Das ist es, was ich denke. Und trotzdem bin ich wohl eher ein Storge als ein Ludus oder ein Mania. Kann es vielleicht romantische Pragmatiker geben, sortierte Traumtänzer? Warum denn nicht?

Die Frau, die ich liebe, hat mich nicht auf den ersten Blick vom Hocker gehauen. Was sie so wunderbar und unvergleichlich macht, habe ich erst Stück für Stück herausgefunden. Tatsächlich entdecke ich nach all den Jahren immer noch in regelmäßigen Abständen etwas Neues und absolut Hinreißendes an ihr. Mein ganz persönliches Glück hat also nichts mit einem ersten Blick zu tun, sondern mit sehr langem, immer verliebter werdendem Anschauen.

Und doch bin ich mir sicher, dass es so etwas wie eine unverzügliche Verzauberung gibt. Instant-Liebe, ohne Sinn und Verstand. Es muss so was geben, sonst wäre die Welt ein klein bisschen weniger schön. Ich glaube sogar, mir könnte so was wie Liebe auf den ersten Blick mal passiert sein: Ich war sechzehn und mit meinem großen Bruder auf einer vierwöchigen Autotour quer durch Südeuropa. Irgendwo an der Costa Brava, wo wir für drei Tage Stopp machten, habe ich ein Mädchen gesehen, dessen Aussehen ich noch heute bis ins kleinste Detail beschreiben kann. Sie war keine überwältigende Schönheit, aber sie hatte etwas, was sich direkt in mein Herz bohrte. Sie ging, ihren ungefähr fünfjährigen Bruder an der Hand, durch eine Gasse. Sie lachte, als der Kleine irgendetwas sagte. Mann, was für ein Lachen! Ich bin ihr zwei, drei Minuten hinterhergedackelt, habe sie angestarrt und mich unglaublich schwindelig gefühlt. Dann war sie plötzlich verschwunden. Ich habe sie nie wiedergesehen.

Vielleicht war das Liebe auf den ersten Blick. Die Tatsache, dass ich mich über fünfundzwanzig Jahre später immer noch so lebhaft an dieses Mädchen, mit dem ich nie ein Wort gewechselt habe, erinnere, legt den Verdacht nahe. Vielleicht war ich aber auch nur ein schwerstpubertierender Trottel, dem an diesem heißen Tag an der Costa Brava die Hormone das Hirn vernebelt haben.

Ich weiß es nicht. Und ich will es auch gar nicht wissen. In diesem speziellen Fall bevorzuge ich es, mich einfach zu wundern.

DAS ERSTE DATE

Was kann ich überhaupt vom ersten Date erwarten?

Sie sagt: Markus wollte mich bei unserem ersten Date zu Hause abholen, was ich altmodisch fand, aber irgendwie auch gut. Um Punkt acht stand er vor meiner Tür. Ich ließ ihn herein und eilte zurück zu meinem Notebook, wo ich bis eben hart gearbeitet hatte. Angeblich hart gearbeitet hatte. Eigentlich hatte ich bis zum letzten Augenblick vor dem Badezimmerspiegel gestanden, um zu prüfen, ob meine Haare nicht perfekter liegen, meine Wangen eher weniger Rouge und meine Lippen eine weitere Schicht Lipgloss vertragen könnten. Dieser Mann sollte mich nicht nur toll finden – ich wollte die Größte für ihn sein. Das war ich meiner Meinung nach, wenn er sehen konnte, dass ich bis zu seinem Eintreffen etwas Wichtiges tue, anstatt aufgebrezelt herumzusitzen und auf ihn zu warten. Klar hätte ich auch ein Buch in die Hand nehmen können, eine schicke Wochenzeitung oder ein Spültuch. Was man für den Schein macht, ist letztlich egal. Vielleicht wäre es einem Mann ja auch andersherum lieber, also dass sich alles nur noch um ihn dreht, sobald er da ist. Aber mir nicht. Ein bisschen verstellen gehört am Anfang dazu, weil kein Mann das volle Paket Frau da schon aushält. An sich ist es das, was es beim ersten Date zu beachten gilt: Frauen schummeln, Männer auch. Beide machen sich wichtiger, lässiger und wohlerzogener, als sie sind. Es geht bei der Hochstapelei schließlich um nichts Geringeres, als den guten Eindruck zu bestätigen, der zu dem Treffen geführt hat.

Ich weiß bis heute nicht, wie Markus das sieht, aber ich fand meine Show großartig – so tun, als schriebe ich einen Satz zu Ende, danach höchst interessiert beobachten, wie der Bildschirm meines Computers beim Ausschalten schwarz wird und schließlich Markus ein bisschen gedankenverloren ansehen. Er stand hinter mir und beobachtete mein Tun, als hätte er es schon hunderte Male getan. Dieser neue Mensch in meinem Leben beherrschte den feinen Balanceakt, fremdes Terrain zu betreten, ohne aufdringlich oder distanzlos zu sein. Sonst komme ich beim ersten Date lieber zu einem vereinbarten Treffpunkt, weil ich Zeit brauche, bis ich jemanden in meine gemütliche kleine Welt hereinbitte. Ich dachte immer, wenn einer die Zeit nicht hat, will er sowieso nicht lange in meinem Leben bleiben. Mit Markus war alles anders. Mich von ihm abholen zu lassen war unbewusst ein Test gewesen. Ich wollte sehen, wie er sich in meinem privaten Raum bewegen würde.

Auch das gehört zum ersten Date: sich gegenseitig zu testen. Entscheidend ist, nicht zu erwarten, dass der andere die Prüfung besteht. Nicht überlegen: »Ist er so, wie ich es mir vorstelle?«, sondern: »Was kann er alles werden, wenn ich mir möglichst wenig bis gar nichts vorstelle?« Eine Bekanntschaft, ein Abenteuer, ein Freund, ein Seelenverwandter ohne Verlieben, ein Seelenverwandter mit ein bisschen Verlieben, der »Für immer«-Mann? Sie werden es nach diesem Abend nicht wissen, nur ahnen. Im besten Fall ist irgendetwas anders als sonst. Zum Beispiel, dass er stundenlang das Richtige sagt und macht und Sie Dinge aneinander finden, die, nüchtern betrachtet, für eine Beziehung nicht wichtig sind. Ach, er hält mir die Tür auf und hilft mir aus dem Mantel. Ach, sie mag Sauvignon blanc auch am liebsten, und wie süß sie wirkt, wenn sie mit dem Kellner spricht. Ach, er hört auch gern die Musik von Diana Krall, und wie souverän er wirkt, wenn er mit dem Kellner spricht. Ach, sie joggt jeden Tag und hat einige Jahre in Südafrika gelebt, meinem Sehnsuchtsland. Ach, er ist mit zwei Schwestern aufgewachsen, er versteht also bestimmt ein bisschen was von den Frauen. Nach und nach füllt sich der Abend mit Informationen, Eindrücken und Geschichten. Es werden gemeinsame Vorlieben wie Abneigungen gesucht, und man entwickelt sogar eine eigene Sprache, um miteinander zu kommunizieren. Sätze werden zu Türöffnern in die Welt des anderen, Worte zu Codes, die nur er verstehen kann und soll.

Kommunikationsexperten sagen, das erste Date diene nur dazu, herauszufinden, ob es ein zweites gibt. Es ist gleichzeitig der Abend, an dem zwei Menschen den Grundstein legen können für einen gemeinsamen Weg, möglicherweise für ein gemeinsames Leben. Dann vergisst man das Coolsein und die Hochstapelei, weil man bald nicht mehr weiß, wo einem der Kopf steht. So sehr dreht er sich, so schön ist alles. Als Markus mich nach Hause brachte und wir im Wagen entspannt schwiegen, dachte ich: Ich mag dieses Gefühl in meinem Kopf. Sehr sogar.

Er sagt: Was man erwarten *darf*, ist ein Feuerwerk im Bauch, ein Karussell im Kopf, Amors Pfeil im Herzen und eine Haubitzenladung voller Hormone in jedem Kubikzentimeter des Körpers. Mehr noch: Man darf die Bekanntschaft des Menschen erwarten, mit dem man alt und grau werden wird, mit dem man übers Leben verteilt Tausende von Orgasmen, Abertausende von wunderbaren Gesprächen, viel Gelächter, ein paar Tränen, mehrere Kinder und noch mehr Enkel und einen steten Halt im schaukelnden Leben haben wird.

Was man dagegen erwarten *sollte*, ist Folgendes: einen netten Abend.

Ich begebe mich mal aufs Metaphern-Terrain: Machen Sie keine große Oper aus diesem Date. Spielen Sie nicht den Heldentenor, der partout die ganz große Eroberung bewerkstelligen muss. Es kann nämlich schon wunderbar klingen, wenn jemand völlig gedankenverloren ein schönes Lied vor sich hin summt. Ganz entspannt und fröhlich. Einfach nur so, weil man das Leben, den Tag, den Augenblick genießt. Natürlich klingt es noch toller, wenn man den Song vorher einstudiert hat und wenn man ihn dann hochkonzentriert mit dem perfekten Timbre an den richtigen Stellen intoniert – aber das ist dann eine Inszenierung. Die Töne mögen rein phonetisch perfekt sein, aber es fehlt die Authentizität.

Falls die Frau, mit der Sie gerade ein erstes Date vor sich haben, tatsächlich diejenige sein sollte, die Sie fortan auf einem mehr oder weniger beträchtlichen Teil Ihres Lebens begleiten wird, dann wird sie sich so in Sie verlieben, wie Sie eben sind. Das hat den Vorteil, dass Sie bei den nächsten Treffen nicht graduell die Tonlage modifizieren müssen, bis sie irgendwann Ihre wahre Stimme hört.

Das ist natürlich purer Idealismus. Wir alle wissen, dass ein erstes Date ohne eine kleine Portion Show fast unmöglich ist. Aber versuchen kann man's ja.

Wo trifft man sich?

Sie sagt: Mein Rat gilt exklusiv den Männern – außer sie sind neu in der Stadt oder zu Besuch –, denn mit dieser Entscheidung können sie Land gewinnen. Es ist doch zudem sehr schön, den Ort der Begegnung zu bestimmen, wenn man weiß, dass eine Frau es im 21. Jahrhundert genauso gut tun kann. Wie alles andere auch: Tür aufhalten, Wein nachgießen, Rechnung bezahlen (aber dazu kommen wir später).

Schlagen Sie einen Treffpunkt vor, der nicht zu teuer und nicht zu billig ist. Nicht zu szenig, nicht zu gestrig. Nicht zu voll, nicht zu öde. Nichts, was anstrengend ist (kein Sport, einer ist da immer der Loser, außer Sie haben sich im Fitnessstudio kennengelernt) oder einfallslos (Irgendein vielversprechend klingender Film läuft ja immer. Aber kann man dabei reden? Und hat man danach überhaupt noch Lust dazu, wenn der Film die Gemüter spaltet?). Nicht die Stammkneipe, auch wenn Sie es gut meinen und ihr Ihre Welt zeigen wollen. Die mögliche Begegnung mit Ihren Freunden überfordert Sie beide. Und treffen Sie die Frau nicht »zwischendrin«: Es gibt wenig Unromantischeres als eine Verabredung zwischen Fußballtraining und Sportschau, Mittagessen bei Mutti und Motorradtour mit den Jungs, Büro und Skatrunde. Das Neueste in Amerika sind »Lunch-Dates«, bei denen das erste Treffen in die Mittagspause gelegt wird, damit man bei Missvergnügen nach 55 Minuten abhauen kann. Wenn man das im Hinterkopf hat, kann man es auch gleich lassen.

Er sagt: Es kommt immer darauf an, was für ein Typ Mann man ist. Und welcher Kategorie Mensch die entsprechende Frau anzugehören scheint.

Ich zum Beispiel, ich kann reden, bis ich umfalle. Was ich am Zweitliebsten mache, ist zuhören. Wenn's nach mir ginge, würde ich das komplette erste Date also mit einem einzigen langen Gespräch verbringen. Da ich auch gern esse – *gut* esse –, wäre ich ein klassischer Fall von Restaurant-Dater. Ja, ich würde das Lokal selbst aussuchen wollen. Eines mit Charme, überzeugender Speisekarte und nicht allzu hohem Geräuschpegel. Ich finde es schwierig, romantisch zu sein, wenn ich schreien muss. Nach dem Essen würde ich – vorausgesetzt, das Wetter spielt mit – spazieren gehen wollen. Ich finde es schön, mit einem anderen Menschen durch die Nacht zu schlendern. Dabei redet es sich wunderbar unverkrampft.

Aber wie gesagt: Das bin ich.

Wer nicht stundenlang am Stück eine Verbalattacke reiten kann oder will, ist vielleicht mit einem Konzert viel besser bedient. Keins mit rempelndem Stadionrock natürlich, sondern eines, bei dem man durchaus auch zwischendurch reden kann. In einem Jazzclub zum Beispiel oder bei einem Singer-Songwriter-Gig in einer netten Bar. Da gibt's dann für die etwas schweigsameren Menschen regelmäßig mehrminütige Verschnaufpausen, in denen sie wortlos kommunizieren können.

Man darf auch ruhig ein bisschen origineller sein: ein Besuch im Planetarium? Ein Picknick im Schmetterlingsgarten? Eine Fährfahrt irgendwohin? Warum nicht? Von völlig schrägen Treffpunkten würde ich beim ersten Date allerdings absehen, damit könnte man seine Herzdame etwas überfordern. Es sei denn, sie zählt selbst zur schrägen Sorte Mensch.

Abraten kann ich nur von einem einzigen Ort: dem Kino. Inmitten einer Horde gegen alle verfügbaren Rückenlehnen tretender, SMS eintippender, stinkende Nachos mampfender Leute kommt keine romantische Stimmung auf. Schon gar nicht, wenn der Film nichts taugt. Und außerdem wäre so ein Date, bei dem man keinerlei Chance hat, miteinander zu reden, fast eine kleine Beleidigung. Denn damit sagt man der Frau indirekt: Ich gucke lieber fremden Kaliforniern auf der Leinwand zu, als dich kennenlernen zu wollen.

Was ziehe ich an?

Sie sagt: Ein Kleidungsstück kann ein Leben verändern. Es kann die Art beeinflussen, wie ein Mensch verführt, aber auch die Art, wie er verführt wird, hat eine kluge Frau einmal zu mir gesagt. Der französische Schauspieler Jean-Paul Belmondo ließ Charmantes zum Thema verlauten: »Eine Frau ist das einzige Geschenk, das sich selbst verpackt.« Männer wissen jedoch wohl zu unterscheiden, ob eine Frau mit ihrer »Verpackung« etwas über sich und ihren Charakter erzählen möchte oder über ihre Absichten. Aufdringlich ist nie gut. Selbstbewusst ist gut. Nicht das Mörderdekolleté macht begehrenswert (oder zumindest nicht lange), sondern Authentizität. Männer merken genau, ob die Frau wahrhaftig ist oder ob sie einen Köder legt, mit falschen Karten spielt.

Eigentlich ist es einfach: Für das erste Date wählen Sie am besten ein Ensemble, in dem Sie bereits einen tollen Auftritt hingelegt oder ein paar ehrliche Komplimente bekommen haben. Also auf keinen Fall etwas Neues, Unerprobtes tragen. Darin zieht man womöglich stundenlang den Bauch ein, hält die Brüste in Schach oder strahlt nicht so wie sonst. Männer haben da empfindliche Antennen. Sie merken an der Art, wie eine Frau sich hält und bewegt, genau, ob sie sich wohl fühlt in ihrer Haut oder ob sie sich am liebsten in sich selbst verkriechen möchte. Und noch etwas erkennen Männer an der Haltung einer Frau: Wie selbstverständlich sie beim Sex mit ihrem Körper umgeht.

Wollen Sie eine Anekdote aus meiner Schatzkiste der Peinlichkeiten hören? Also, es war so: Ich habe mich nach meiner Anmeldung bei Parship mit genau zwei Internetbekanntschaften getroffen. Einer wollte mich nach dem ersten Date nie mehr wiedersehen, weil ich seine Hoffnungen auf mehr nicht erfüllen konnte. Den Zweiten traf ich in einer Tapas-Bar, er saß direkt am Eingang, damit ich ihn ja nicht verpassen (oder flüchten) konnte. Es war Sommer, ich trug ein Seidengeflatter mit weißen Jeans und sexy Highheels aus Schlangenleder-Imitat. Ich lächelte ihn gerade an, als ich mit einem Schuh im Gitter an der Tür stecken blieb, und zwar so fest, dass ich ihn ausziehen musste. Ich zerrte an dem Teil herum, doch da war nichts zu machen. Mein Date eilte herbei, während ich mit nacktem Fuß dastand und alle im Lokal mich anstarrten. Ich sagte zu ihm: »Das ist ja hier wie bei Aschenputtel.« Er zog den Schuh heraus und mir an. »Und er passt sogar«, antwortete er und grinste zu mir hoch. Als die Kellnerin ein paar Minuten später an unseren Tisch kam, zuckten ihre Mundwinkel verdächtig, sie machte sich innerlich über mich lustig. »Es ist wegen des Schuhs, richtig?«, fragte ich sie. »Lachen Sie ruhig. Ich würde das auch tun und mir denken: ›Das geschieht der Tusse recht. Sollte mal besser vernünftige Schuhe tragen, dann passiert ihr so was Blödes nicht.‹« Sie kicherte los, mein Date auch. Na, und dann? Hatte ich mich disqualifiziert? Im Gegenteil, es ist immer schön, wenn man miteinander lacht. Humor ist der Flirt-Revolver, mit dem man auf das Herz des anderen ballern kann. Egal ob golden oder tiefschwarz, Hauptsache er ist locker und authentisch.

Laut einer Umfrage der Zeitschrift »Brigitte« schätzen 72 Prozent der Männer Humor bei einer Frau ebenso sehr wie gutes Aussehen. 55 Prozent denken sogar, dass humorvolle Frauen intelligenter sind als humorlose. Solch kluge Männer freuen sich, wenn sie noch etwas anderes bemerken: dass man Mut zur Unvollkommenheit beweist, zum Beispiel zu einer Laufmasche, Kuligeschmier an den Fingern, einem gesunden Bäuchlein. Ist eine Frau sich in jeder Situation ihrer selbst sicher, hat ein Mann keinen Grund, an seinem Interesse zu zweifeln.

Habe ich Ihnen übrigens schon von dem Abend erzählt, an dem ich meine schönste Seidenbluse trug und unbedingt Satéspießchen mit Erdnusssauce essen musste? Bitte, wie? Sie wollen lieber wissen, was aus dem Parship-Mann wurde? Ein guter Typ. Doch, doch. Nur zog mein kleines Herz einfach nicht mit.

Er sagt: Ach Gott, das ist jetzt das Kapitel, für das ich einen Ghostwriter brauchte. Ich habe ehrlich keine Ahnung von Klamotten. Ich weiß nicht, welche Farbe zu welcher passt, was mir steht und was nicht. Schlimmer noch, ich habe diese derzeit überhaupt nicht angesagte Freigeist/Künstler/Hippie-Attitüde, dass ich einfach zu sehr Individuum bin, um irgendwelchen Modetrends zu folgen. Bin ich jetzt ein Schaf? Nur weil irgendein

Fredl in Paris beschlossen hat, dass man jetzt auch als Mann halblange Puffärmel trägt, muss ich es doch nicht tun, oder?

Kennen Sie den Film »Die Fliege«? Darin hat Jeff Goldblum acht völlig identische schwarze Outfits im Schrank hängen, damit er sich morgens nicht mit der banalen Frage plagen muss, was er anziehen soll. Diese Szene soll natürlich Goldblums Exzentrik dokumentieren. Ich finde diese Art der Schrank-Bestückung aber ehrlich gesagt ziemlich plausibel.

Durch meinen Job als Filmkritiker bekomme ich relativ oft von Filmfirmen und Computerspiel-Anbietern irgendwelche T-Shirts mit Werbeaufdrucken geschenkt. Eines davon ist komplett weiß und hat den schwarz-roten Aufdruck: »I love Zombies & Shopping«. Finde ich lustig. Ziehe ich an. Aber immerhin nicht zum ersten Date. So viel Stil habe sogar ich.

Der langen Rede kurzer Sinn: Wenn Sie als Mann jetzt irgendwelche Tipps für die Klamottenwahl in der prekären Erstdate-Situation erwarten … sorry. Sie wissen da sicher viel besser Bescheid als ich.

Über Frauen und ihr Outfit kann ich dagegen durchaus etwas sagen. Denn auch wenn ich ein mieser *Dresser* bin, ich bin ein interessierter Hingucker. Wie wohl alle Kerle.

Jurate hat in ihrer Antwort etwas geschrieben, was ich mit Nachdruck unterstreichen kann: »Aufdringlich ist nie gut. Selbstbewusst ist gut.« Bravo, Jurate! Nichts beleidigt uns Männer mehr als eine Frau, die ihre Oberweite wie mehr oder weniger freigelegte Sahnetorten spazieren trägt und uns mit der offensiven Präsentation ihrer sekundären Geschlechtsorgane in geifernde Idioten zu transformieren wünscht. Klar: Natürlich hat es seine Wirkung, wenn eine Frau ihre sexuellen Reize mit extremem Nachdruck präsentiert. Entweder denken wir den ganzen Abend lang nur an Sex und verlieben uns in zwei Prachtbrüste, während wir die Dame, an der sie dranhängen, nicht ernsthaft zur Kenntnis nehmen – oder wir sind als demonstrative Nicht-Primaten den ganzen Abend damit beschäftigt, uns so vehement darauf zu konzentrieren, unserer Begleiterin NICHT ins Dekolleté zu starren, dass wir ihr nonstop verkrampft in die Augen glotzen, als wären wir die Wiedergeburt von Klaus Kinski.

Also, liebe Frauen: sexy gern, aber bitte subtil. Und nicht so viel Make-up. Und Vorsicht mit dem Parfum. Der Prozentsatz der Damen, die in angespannter Date-Euphorie ein- oder zweimal zu oft auf den Sprühknopf drücken, ist nicht gerade niedrig. Das ist doch alles überhaupt nicht nötig! Seid doch bitte einfach ihr selbst – mit einem Twist. Selbstbewusst eben. Nichts ist erotischer als nur leicht manipulierte Natürlichkeit. Männer reagieren nämlich nicht nur auf erotische Outfits, vermeintlich perfekte Körperattribute und aufgesetzten Glamour-Look. Ob ihr es glaubt oder nicht: Auch wir Jungs sind empfänglich für das Adjektiv »bezaubernd«. Verzaubert uns mit einer wohlüberlegten Version von euch selbst. Pin-ups können wir uns nämlich auch am Kiosk kaufen.

Worüber rede ich mit ihm/ihr?

Sie sagt: Es macht einen Unterschied, ob man am anderen wirklich interessiert ist oder nur daran, sich selbst darzustellen. Meine Kumpel berichten mir wiederholt von Frauen, die das Reden zum Selbstzweck betreiben und ihnen eine langweilige Anekdote, Gefühlsregung,

Psychobefindlichkeit nach der anderen um die Ohren hauen. Das wirkt nicht nur bedürftig, das ist es auch.

Kann sein, dass Männer bei diesen anstrengenden Tanten trotzdem auf ein Abenteuer spekulieren, nach dem Motto »Ich höre ein bisschen zu, nicke hier, nicke da, dann aber shut up and sleep with me«. Umgekehrt ist für einen Mann mit zu großem Selbstdarstellungsdrang der Ofen aus, so viel ist wissenschaftlich erwiesen. Der Verhaltensforscher Karl Grammer lud bei einer Versuchsanordnung je einen Mann und eine Frau unter einem Vorwand in ein Wartezimmer. Anschließend gab er vor, noch etwas erledigen zu müssen, und verließ den Raum. Der Wissenschaftler beobachtete dann mit einer Videokamera, wie die Frauen fast immer ihr Flirtprogramm abspulten, selbst wenn sie den Mann gar nicht toll fanden, wie sie später in einem Fragebogen zugaben. Nur eines ließ den Flirt jäh enden: der ununterbrochene Redefluss des Mannes. Viele Männer tun das wohl aus Aufregung und weil ihr Testosteronspiegel beim Balzen steigt. Sie scheinen sich bei der Kontaktaufnahme offenbar lieber profilieren zu wollen, als die Frau näher kennenzulernen. Da sollte man Geduld haben und an einem anderen Tag einen zweiten Blick riskieren. Jeder redet sich mal um Kopf und Kragen, wenn ihm etwas wirklich wichtig ist.

Von der Theorie zurück zur Praxis: Sie würden das hier nicht lesen, wenn Sie nicht selbst Eindruck machen und zugleich einen guten Eindruck von Ihrem Date bekommen wollten. Suchen Sie darum nach Themen, die verbindlich sind, aber nicht indiskret. Nichts über den Ex, wenn man dabei seufzt, ächzt oder stöhnt. Nichts über Familiengeheimnisse, Krankheiten oder Büromobbing. Alles darüber, was Sie lieben und zum Lachen bringt, was Sie schon Tolles erlebt haben und noch erleben wollen. Sehen Sie sich als eine unerschöpfliche Quelle spannender, reflektierter Information.

Bei einem interessanten Mann müssen Sie nur Folgendes tun: Neugierig sein und bereit, ihn so zu nehmen, wie er ist. Versuchen Sie herauszufinden, wie er tickt, was ihn in seinem Leben antreibt, was ihn leidenschaftlich macht – und nicht, ob er all Ihre Tiefen und Abgründe aushalten könnte. Männer haben Angst vor psychologischen Krisengebieten, wenn sie noch nicht einmal festen Boden unter den Füßen haben.

Eine Frau sollte sich allerdings unter keinen Umständen in Themen vertiefen, die ihr in Wahrheit schnuppe sind. Meine kleine, unrepräsentative Feldforschung hat ergeben, dass eine Pseudo-Männerversteherin sofort durchschaut wird. Es bringt gar nichts, sich ihm zuliebe für Fußball, Autos oder Börsenkurse zu begeistern. Ich kann es nicht oft genug sagen: Sich anzustrengen heißt nicht, sich zu verbiegen. Übrigens wollen laut einer Umfrage des Partnerschaftsportals »be2« 40 Prozent der Männer eh keinen Fußballfan zur Freundin.

Er sagt: Stimmt. Zuhören ist besser als reden. Erstens ist es ein Akt der Aufmerksamkeit, zweitens ist es auch im Interesse des Mannes, etwas über die Frau zu erfahren, die ihm gegenübersitzt. Sich selbst kennt er doch schon. Andererseits: Wenn beide im Versuch, dem anderen gerecht zu werden, eisern schweigen, wird so ein erstes Date zu einer ziemlich meditativen Erfahrung.

Ich kann mich schlicht all dem, was Jurate sagt, anschließen. Liebe Männer, seien Sie ganz Sie selbst – vermeiden Sie aber die übelsten Minenfelder. Wenn in Ihnen der Wunsch aufkommt, über Ihre Lieblingssportart zu schwadronieren oder von High-Tech-Spielzeug, Autos und Actionfilmen zu schwärmen, überlegen Sie kurz, wie Sie es fänden, wenn Ihr Date plötzlich von ihren Reit- und Yogastunden, ihren besten Kosmetiktipps und dem nicht enden wollenden Zickenkrieg mit ihrer Kollegin anfinge.

Eben.

Wer zahlt die Rechnung?

Sie sagt: Gehen wir zurück in die Zeit, als wir Mammutfellkleider trugen, Läuse aus Kinderhaaren filzten und frische Mammuthaxen über dem Lagerfeuer grillten. Die Rollenverteilung zwischen den Geschlechtern war klar: »Der Mann versorgte die Frau mit Nahrung und bekam dafür Sex«, sagt die amerikanische Anthropologin Helen Fisher. Bis heute, so der Rückschluss der Wissenschaftlerin, stecke dieses Austausch-Prinzip unbewusst in den Köpfen der Geschlechter. Spannend wird's bei Fischers zeitgemäßer Übersetzung dieses »Naturgesetzes«: »Es geht heute nicht darum, dass die Frau sexuelle Verfügbarkeit signalisiert, wenn der Mann die Rechnung begleicht. Sondern dass sie heute Interesse und Macht demonstrieren kann, wenn sie es tut. Und dass ein Mann, der sich einladen lässt, dieses Signal akzeptiert.« Wow. Gleichberechtigung ist so sexy. Ist das nicht außerdem konsequenter als der Rehblick, gepaart mit dem Pseudogriff in die Handtasche? Heutzutage ist es eben nicht mehr selbstverständlich, dass der Mann zahlt. Seit Frauen ihre Rollen freier wählen können, tun Männer das auch.

Folgende Kompromissvorschläge: Über eine große Summe redet man. Bei kleineren Beträgen bezahlt, wer seine Geldbörse zuerst zur Hand hat. Oder derjenige, der zuerst die Rechnung verlangt, zahlt – und der andere bietet dabei an, die Hälfte zu übernehmen.

Warum wir trotzdem die Gentleman-Geste erhoffen? Weil wir, bei aller Emanzipation, die Frau sein wollen. Und er will der Mann sein. Irgendwie ist das schon Sex.

Er sagt: In diesen Dingen bin ich altmodisch. Ich bin ein Tür-Aufhalter, Aufmerksamkeiten-Mitbringer und, ja, auch Rechnungs-Bezahler. Der Grund, warum ich Frauen im Allgemeinen jedoch nicht in den Mantel helfe, ist schlicht der, dass ich mich dabei immer motorisch so blöd anstelle, dass sie ihn ohne meine »Hilfe« dreimal schneller anhätten.

Für beide zu bezahlen ist eine verkappte Ernährergeste, klar. Aber die meisten Frauen mögen es. Die Gefahr, damit eine Dame in ihrer feministischen Ehre zu kränken, besteht schon lange nicht mehr. Der Feminismus ist bedauerlicherweise tot. Ich vermisse sie übrigens, die Kämpferfrauen. Eine Alice Schwarzer ist mir erheblich sympathischer als eine Eva Hermann. Aber wenn mein Date plötzlich ihr Handtäschchen zücken und mein Steak bezahlen wollte – dann fände ich das schon, nun ja, peinlich.

Dass wir uns aber nicht missverstehen: Es ist keine Pflicht, dass Sie am Ende des Abends berappen. Es kommt gut an, aber es muss nicht sein. Und wenn das Date ein totaler Flop war und die Frau sich als ausgemachte Nervensäge entpuppt hat, ist eine getrennte Rechnung sogar eine ziemlich gute Möglichkeit, ein Statement abzugeben.

Wann gibt es nach dem ersten Date kein zweites?

Sie sagt: Bei einer interessanten Begegnung erwarten wir immer einen romantischen Kern. Wir glauben, der Funke muss sofort überspringen oder er tut es nie. Fühlt es sich nett und entspannt an, halten wir das für zu wenig, um eine zweite Verabredung, geschweige denn mehr Lebenszeit dranzugeben. Das echte Leben ist anders, unberechenbarer. Manchmal ist ein drittes, viertes Date nötig, bis aus dem stillen Wasser ein prickelnder Champagner wird. Das Wichtigste ist, offen zu bleiben für *alle* Wege der Liebe.

Andererseits sind wir besonders in Solozeiten anfällig für jede Nettigkeit und saugen die kleinste Aufmerksamkeit ein, ohne nachzufühlen, ob der andere uns überhaupt wirklich zusagt (und manchmal ist das Singledasein auch schon das Einzige, was man mit diesem Menschen gemeinsam hat). Man redet ihn sich ob der Sehnsucht nach dem Verliebtsein schön oder deutet Sympathie in etwas Größeres um. Die Warnsignale werden weggeleugnet, zu seinen Gunsten uminterpretiert – es kommt zum zweiten, zum dritten Date, zum Sex, zur Beziehung. Eine Zeitlang funktioniert das sogar, doch irgendwann kehrt mit Sicherheit die Erinnerung an die innere Stimme zurück, die es ja gleich gesagt hat. Um diese Erkenntnis kommt fast niemand herum, der je in so einer Beziehung gesteckt hat: Das, was am Anfang stört, fehlt oder frustriert, wird es wieder und wieder tun. Trauen Sie Ihrem ersten Gefühl – der andere wird nicht mehr als das, was Sie sehen und fühlen. Eher weniger.

Das Singledasein ist nicht immer leicht, aber es schult. Zum Selbstdenken, zur Selbstverantwortung, zur Selbstachtung. Es ist sinnlos, sich weiter auf etwas einzulassen, wenn sich nicht zwanglos der wohlige Gedanke einstellt: Von diesem Mann möchte ich mehr kennenlernen. Kein zweites Date gibt es, wenn das erste ein Irrtum war.

Er sagt: Die Antwort auf diese Frage kann Ihnen nur Ihr Gefühl geben. Dabei muss es gar kein großes Herzklopfen sein und auch kein nicht enden wollender Adrenalinschub, was Ihren Wunsch nach einem zweiten Date schürt. Vielleicht hatten Sie einfach nur einen richtig netten Abend. Sie wären nicht der Erste, der bei einem romantisch angelegten Date zwar nicht die große Liebe, aber dafür eine supergute platonische Freundin gefunden hätte (ja, Sally, so was gibt's auch bei Hetero-Männern). Und Sie wären auch nicht der Erste, der nach einem halben Jahr plötzlich feststellt, dass er diese platonische Freundin eigentlich doch mehr als nur platonisch mag (ja, ja, Harry, du hast es ja schon immer gewusst).

Kurz gesagt: Haben Sie wirklich *Lust*, die Frau wiederzusehen? Dann tun Sie es auch. War es eher eine verkrampfte Angelegenheit? Dann lassen Sie's. Erschreckend einfach, oder?

Zum Abschied küssen? Oder sogar Sex haben?

Sie sagt: Das hört wohl nie auf. Selbst als gestandene Frau steht man immer wieder mal vor der »Denkt er dann, ich bin leicht zu haben?«-Frage. Offenbar denken das fast alle Männer tatsächlich: »Was schwer zu kriegen ist, reizt doppelt und dreifach«, sagt der Journalist und Buchautor Bas Kast im Interview mit der Zeitschrift »Maxi«. »Und je mehr man tun muss, umso mehr wertet man das Objekt der Begierde auf, damit man nicht vor sich selbst als Blödmann dasteht.« Wenn es also was Ernstes werden soll, bedeutet das anscheinend, dass nach dem ersten Date höchstens ein Bussi auf die Wange erlaubt ist, beim zweiten ein richtiger Kuss, und zum Sex kommt's erst, wenn der Mann deutliche Signale in Richtung feste Beziehung abschickt. Recht so, Jungs?

Die meisten Deutschen warten offenbar einige Tage bis Wochen ab. Laut einer GEWIS-Studie sind gerade 11 Prozent der Paare gleich nach der ersten Verabredung aufs Liebeslager gesunken. Klar, sich Zeit zu lassen kann die Vorfreude steigern, die Leidenschaft, die Gewissheit über die eigenen Gefühle wie über die des anderen. Besonders für Frauen ändert sich nach dem ersten Sex einiges, weil das Sichöffnen mehr unter die Haut geht als das Inbesitznehmen. Es ist deshalb sicher oft zum eigenen Schutz, eine Wartezeit einzurichten. Das ist gut, wenn's gefühlt ist, und schlecht, wenn's zur verkopften Entscheidung wird. Eine ausgeklügelte Hinhaltestrategie wird nicht dafür sorgen, dass der Mann sich verliebt. Und außerdem, was ist das denn für ein Zustand, wenn man nicht spontan seinen Gefühlen folgen darf? Dem Gefühl, einen Mann so sehr zu begehren, dass man ohnmächtig werden könnte vor Lust. Dem Gefühl, nichts mehr kontrollieren zu können, ihn nur noch riechen, schmecken, spüren zu wollen. Das kommt nicht allzu oft vor im Leben. Gibt es für einen Mann eine tollere Selbstbestätigung? Und merkt er nicht den Unterschied zwischen wahllos und erster Wahl? Wenn nicht, dann weiß er zu wenig vom Leben, von Authentizität und davon, die Kontrolle aufzugeben, obwohl man in diesem Moment vielleicht noch nicht versteht, wohin die Gefühle wollen.

Doch aufs Liebeslager bringen uns nicht nur echte Emotionen. Seine Zungenfertigkeit ist es, die Eintrittskarte oder Rückfahrschein sein kann. Im Idealfall vergisst man beim ersten Kuss alles, den Ort, die Uhrzeit, den Verstand. Dann will man nie mehr damit aufhören und fast nie mehr einen anderen küssen. Viele sagen, Küssen sei intimer als der wildeste Sex. Viele Frauen sagen, mit einem Mann, der nicht gut darin ist, würden sie niemals ins Bett gehen. Warum? Der Kuss ist dem Koitus nachempfunden. Ein Mann, dessen Zunge sich wie ein vollgesogener Schwamm anfühlt oder wie ein Pürierstab rotiert, kann nicht der Richtige sein. Deshalb ist aus meiner Sicht ein Lippenbekenntnis beim ersten Date nicht verkehrt. Ist sein Kuss gut: Wunderbar, und wie der Abend weitergeht, werden Sie sehen. Ist er schlecht: Schade und danke schön, aber das erspart einiges – Verwirrung und schlaflose Nächte, sich bei den ersten SMS über die Bedeutung seiner Worte den Kopf zerbrechen, in Gedanken bereits an der gemeinsamen Zukunft mit einem Häuschen im Grünen und zwei Kindern basteln. Wobei ich keine Garantie dafür übernehme, dass er im Bett auch hält, was sein Kuss versprach. Ist alles schon vorgekommen.

Er sagt: Ich sag jetzt mal etwas politisch völlig Inkorrektes: Frauen können ganz schöne Chauvis sein! *Unsere* Zungenfertigkeit entscheidet über potentiellen Sex? Wir müssen die perfekten Anheizer, die motorisch makellosen Verführer sein, während Frauen es ja sowieso draufhaben und deshalb ohne jede Arroganzgrenze über uns urteilen dürfen? Stellen Sie sich mal vor, ein Mann würde in einem Buch wie diesem Folgendes schreiben: »Wenn sie mir nicht vernünftig einen bläst, kann sie sich gleich verpissen. Solche Weiber sind Zeitverschwendung.« Na? Eben.

Meine Damen! Ihr habt keine Ahnung, was wir schon alles an weiblicher sexueller Tollpatschigkeit und Ahnungslosigkeit durchmachen mussten! Und davon ganz abgesehen: Jede Frau mag andere Dinge. Ich hatte beispielsweise eine Freundin, die für alle sexuellen Spielchen offen war und kaum etwas besser draufhatte als Oralsex – Zungenküsse kamen für sie allerdings nicht in Frage. Selbst wenn die Zungenspitze sich auch nur das kleinste bisschen nach vorne traute, war der Ofen aus. Damit hatte sie einfach ein Problem. Ich hatte aber auch mal eine Kurzzeit-Beziehung, der es gar nicht schlabberig genug sein konnte und die subtile Zungenspiele für unerotischen Anfängerkram hielt. Die wollte einen Mann, dessen Mund regelrecht Amok läuft. Jede Frau wird eben von etwas anderem angemacht. Und wir Kerle sind nun mal keine Gedankenleser. Wenn euch unser erster Kuss nicht passt: Pech gehabt. Im Bett hätten wir womöglich sehr schnell herausgefunden, worauf ihr total abfahrt. Männer können nämlich durchaus flexibel sein. Und zum Sex gehören schließlich immer noch zwei. Das weibliche Mantra »So wie er küsst, hat er auch Sex« klingt so, als läge der gesamte Verlauf des Liebesaktes in männlicher Hand, als leiste die Frau nicht den kleinsten eigenen Beitrag. Na, danke schön aber auch. Da gehen wir doch lieber ein Bier trinken.

So, das musste mal gesagt werden, und jetzt fühle ich mich besser.

Denn zu der eigentlichen Frage »Zum Abschied küssen? Oder gar Sex haben?« kann ich aus männlicher Sicht ohnehin nur knapp und präzise antworten: Klar, wenn's passt.

Was tun, wenn er danach nicht anruft?

Sie sagt: Drei Dinge, die ein verliebter Mann niemals tun würde:

1. Nach dem ersten Sex sofort einschlafen.

2. Sagen: »Ich gehe jetzt. In meinem eigenen Bett kann ich besser schlafen.«

3. Nicht anrufen. Egal, wie schüchtern er ist oder wie cool Sie beim Abschied waren. Einen verliebten Mann kann nichts, wirklich gar nichts aufhalten.

Nummer eins und zwei muss man sich nicht noch einmal geben. Nummer drei muss man aushalten können. Selbst wenn es tiefer verletzt, weil es sich anfühlt, als sei man umfassender zurückgewiesen worden. So ist es nicht. Der sexuelle Teil der Persönlichkeit ist zwar ein besonders wichtiger, aber doch nur ein Teil von vielen. Und sich zu verlieben hat nicht unbedingt mit Sex zu tun, sondern mit dem Menschen, mit dem man ihn hat. Entweder sind die Gefühle für ihn da oder eben nicht.

Nicht traurig darüber sein, lieber mal überlegen: Wie verhält sich ein richtiger Mann »danach«, wenn er merkt, aus dem Funken ist kein Flächenbrand geworden? Er ruft an, trotzdem. Oder gerade deshalb. Ganz gleich, wie klamm ihm dabei sein mag. Weil er ein achtsamer, liebevoller Kerl ist und ganz genau weiß, dass eine Frau darauf wartet. Er sagt: »Danke für die schöne Nacht. Aber mehr geht bei mir nicht.« Ein richtiger Mann traut sich das. Etwas schweigend zu beenden ist nicht männlich. Es gibt nichts Jämmerlicheres als einen Typen, der billig davonkommen will.

Er sagt: Wenn er nicht anruft, hat er kein Interesse. So einfach ist das. Dagegen kann eine Frau schlicht und ergreifend nichts tun.

Natürlich hätte es Stil, wenn er sich noch einmal melden und die Dinge klären würde, wenn er freundlich, aber bestimmt die Information weitergeben würde, dass er für eine Beziehung nicht in Frage kommt. Doch verlassen sollte man sich darauf nicht. Um meine Spezies mal in Schutz zu nehmen: Sich nach einem ersten Date unsichtbar zu machen ist nicht unbedingt gemein. Es ist nur ahnungslos. Wir Männer könnten nämlich gut damit umgehen, wenn es kein weiteres Gespräch gäbe. Wenn SIE sich nicht mehr meldet, wissen wir Bescheid. Die wenigsten von uns würden Gründe hören wollen, warum die Frau uns nicht wiedersehen will. Und wir hätten schon gar nicht das Bedürfnis, es auszudiskutieren. Solche Gespräche finden wir lästig. Männer sind simpel. Funkstille heißt ganz einfach: »Passt nicht. Vergessen wir's.« Uns reicht das. Es gibt viele Männer, die in dem Irrglauben leben, bei Frauen wäre das genauso. Es gibt aber natürlich auch jene Jammerlappen, die schlicht zu feige sind, den ehrenwerten Anruf zu erledigen.

Wovon ich allen Frauen aber abrate, ist, ihrerseits anzurufen und »reden« zu wollen. Es würde ein unbefriedigendes, deprimierendes Gespräch werden. Das verspreche ich Ihnen. Oder, nicht minder frustrierend: Der Kerl hat gerade mal wieder Lust auf Sex, sagt: »Wie schön, dass du dich meldest«, trifft sich mit Ihnen und Ihrem Unterleib, schürt bei Ihnen neue vage Hoffnungen, nur um sich dann endgültig abzuseilen.

Was tun, wenn sie danach anruft?

Sie sagt: Drei Dinge, die eine verliebte Frau in ihrem Leben einmal getan haben sollte:

1. Als Erste nach dem ersten Sex anrufen.
2. Als Erste sagen: »Ich habe mich in dich verliebt.«
3. Einem Mann das Beste wünschen, wenn er nicht in sie verliebt ist.

Damit zu ringen, wenn eine Frau anruft, von der man nicht mehr möchte, als sie in schöner Erinnerung zu behalten, ist in Ordnung. Als Mann damit umgehen zu können bedeutet, einiges über das Leben an sich zu wissen. Er versteht, dass es nicht nur um ihn geht, sondern um die Bedürfnisse dieser Frau, um ihre Sehnsüchte, ihre Zukunft. Trägt er sie durch den Moment, in dem sie aus sich herausgeht und sich dem Risiko des Abgelehntwerdens stellt, gibt er ihr ein starkes Gefühl mit auf den Weg, anstatt sie unerlöst fortzuschicken, auf dass sie das Erlebte beim Nächsten wiederholt. Nach seiner seelischen Umarmung, mit der er seine Wertschätzung für sie als Mensch zeigt, kann sie einen Schritt weitergehen. Hin zu einem anderen Mann, der ihren Mut, ihre Liebe annehmen und ihr den Raum geben will, sich wieder und wieder von ihrer besten Seite zu zeigen. Hey, Jungs! Es ist nur ein Anruf.

Er sagt: Die Chancen stehen gut, dass wir uns freuen. Zu wissen, dass sie es mit uns immerhin schön genug fand, um uns wiedersehen zu wollen, ist gut fürs Ego. Und vielleicht haben ja auch wir selbst ein leichtes Herzklopfen seit diesem Date. Vielleicht kommt sie uns mit diesem Anruf ja nur zuvor. Vielleicht hatten wir gerade vor, uns unsererseits zu melden, und nur noch über eine nette Location, eine romantische Geste, einen guten Termin für unser nächstes Date nachgedacht.

Vielleicht wollen wir aber auch einfach unsere Ruhe haben, hatten am Morgen danach dieses unbestimmte Gefühl, dass unser Date und wir nicht wirklich zusammenpassen. Wir haben keine Schmetterlinge im Bauch. Keine Sehnsucht. Nicht einmal ein bisschen. In diesem Fall – das ist nicht schön, aber wahr – wird so ziemlich jeder Mann bei ihrem Anruf herumdrucksen, vage Ausreden herunterleiern, vertrösten, murmeln und irgendwann (»Du, ich hab jetzt einen ganz wichtigen Termin«) auflegen. Das ist doof, unelegant und unreif. Wissen wir. Aber wie ich schon im Kapitel vorher sagte: Auch auf diese Art geben wir die »Nicht interessiert«-Information weiter. Es ist die Feiglings-Version. Es ist die Variante, in der wir nicht aufgefordert werden zu erklären, was wir nicht erklären können. Wie begründet man sensibel »Du reizt mich nicht.«?

Ich hatte in meiner Zeit in Stuttgart (Sie erinnern sich: mein zweijähriges Single-wider-Willen-Martyrium) ein Date mit einer Frau, die ich über eine Kontaktanzeige kennengelernt hatte. Es verging keine halbe Stunde, bis sie mir erzählte, dass ihr letztes Date sie mit der Begründung, dass sie »keinerlei sexuelle Ausstrahlung« hätte, zur Seite geschoben hatte. Das hat sie offenbar zutiefst verletzt. Sie fing immer wieder davon an. Mir oblag es nun ganz offensichtlich, ihr das Gegenteil zu beweisen. Doch leider ging es mir wie ihrer letzten Verabredung: Ich fand sie reizlos. Das war nicht ihre Schuld, sie war schlicht nicht mein Typ. Verona Pooth ist auch nicht mein Typ, Cameron Diaz ist nicht mein Typ, Victoria Beckham, Beyoncé und Heidi Klum finde ich sexuell ebenfalls uninteressant. Anziehung ist eben relativ. Doch hätte ich meiner Ego-geschädigten Verabredung sagen sollen, dass sie mich schlicht nicht anzieht? So gekränkt, wie sie von dem letzten Akt männlicher Ehrlichkeit war, hätte sie sich daraufhin womöglich in Therapie begeben müssen. Ich habe ihr also zwei Tage später am Telefon vorgelogen, dass ich nach Hamburg zurück ziehen würde, und ihr alles Gute gewünscht. Das war keine Feigheit. Ehrlich nicht. Ich wollte ihr nur nicht weh tun. Immerhin: Ich habe ihr erspart, sich mit einem Anruf bei mir zu demütigen.

Was ist los, wenn man nur per SMS und Mail miteinander kommuniziert?

Sie sagt: Angela Merkel, so heißt es, sei eine SMS-Süchtige. Mit der Dauersimserei vergewissere sie sich der Loyalität von Vertrauten, pflege Netzwerke zu Verbündeten und ermahne Aufmüpfige zur Besonnenheit. Die Bundeskanzlerin sichert in jeder gesimsten Botschaft ihre Position, und jede Antwort gibt ihr die Gewissheit, dass sie ihren Job im Griff hat oder in den Griff bekommen muss. Ohne Zweifel, da ist ein Handy eine feine Sache. Es bestätigt die Ansicht des italienischen Philosophen und Schriftstellers Umberto Eco, dass es nur drei Gründe gibt, warum Menschen ein Mobiltelefon brauchen: Erstens aus beruflichen Gründen, etwa weil man Organverpflanzer ist oder Feuerwehrhauptmann (oder eben Bundeskanzlerin). Zweitens, wenn man gesundheitliche Probleme hat und mit seinem Arzt in ständigem Kontakt bleiben oder in einer Notlage schnell handeln können muss. Und drittens, wenn man fremdgehen will.

Damit sind wir bereits beim Kern der Sache. Man kann das Simsen am Anfang für rücksichtsvoll halten. Denn man kennt den anderen und sein Leben noch nicht besonders gut und will ihn nicht anrufen, wenn es ihm womöglich am allerwenigsten passt. In diesem Fall ist eine SMS eine respektvolle Form, um Kontakt aufzunehmen, um allmählich vertraut miteinander zu werden. Aber wenn nach Wochen noch immer nur Buchstaben getippt werden, statt dass man zum Hörer greift und anruft? Ein Mann, der ausschließlich SMS verschickt oder Mails, will wie Angie M. seine Position sichern – nur gewiss nicht als künftiger Partner. Es ist anzunehmen, dass er derzeit anderweitig versorgt wird und nur im Notfall eine schnelle Anlaufstelle haben möchte. Der Typ versucht mit geringstem Aufwand zu erreichen, dass der Faden nicht abreißt. Vielleicht ist er auch einfach nicht wirklich interessiert, das macht seine Warmhalte-Taktik umso armseliger.

Blöderweise lädt seine unverbindliche Verbindlichkeit dazu ein, zwischen den Zeilen nach verborgenen Botschaften zu suchen. Vielleicht ist er ja nur schüchtern, ein Kommunikationsmuffel? Ach was, nur dumm und dreist. Schreibt ein Typ über Wochen bis Monate hinweg in regelmäßigen Abständen und besonders gern nachts sinnloses Zeug wie »Bin gerade im Muhmanns und muss an dich denken«, verbiegt das schlichtweg die Tatsache, dass er den Rest der Zeit nicht an einen denkt. Ein Anruf bei ihm, um die Sache zu klären, ist mutig und leider verschwendete Energie. Er wird nichts erklären, was er nicht erklären kann, ohne sein Gesicht zu verlieren. Ganz gleich, ob er sich herausredet oder herausschreibt, die Wahrheit ist: Wer liebt, redet und simst nicht. Der hat höchstens einen SMS-Daumen, weil ihm tausend nette Sachen einfallen, die er sich sofort vom Herzen tippen muss. Wie: Ich denke jetzt an dich. Fünf Minuten später: Ich denke immer noch an dich. Drei Stunden später: Ich denke seit drei Stunden an dich. Das sagt doch alles.

Er sagt: Hab ich schon erwähnt, dass ich manchmal ganz schön altmodisch sein kann? Ich halte E-Mails für eine sinnvolle Kommunikationsform bei geschäftlichen Kontakten oder für Reklamationen beim Online-Einkauf. SMS taugen dagegen für kurze Infos à la »Bin in 15 min da. Mach bitte Pizza« oder »Bringe Sushi mit. Mach bloß keine Pizza«. Bevor ich mit meinen Wurstfingern aber eine meinen komplexen Gefühlen angemessene Botschaft an jene Frau eingetippt habe, für die mein kleines Herz pocht, können locker dreieinhalb Stunden ins Land ziehen. Ich mag meine Gefühle nicht digitalisieren und als hochfrequente Wellen durch die Atmosphäre schießen. Wenn es mir wirklich wichtig ist, wenn ich bei einem Date tatsächlich aufrichtig entflammt sein sollte, dann möchte ich der Frau, die mir nicht mehr aus dem Kopf geht, so schnell wie möglich in die Augen sehen. Da sind E-Mail und SMS höchstens ein- oder zweimaliges Mittel zum Zweck, um ein Treffen abzumachen.

Wie gesagt: Ich bin altmodisch. Haben Sie mal Gedichte von Frederico Garcia Lorca gelesen? *So* sollte man Liebe ausdrücken! Nicht mit »Vrmsse Dich. I luv u«. Aber ich beuge mich dem Zeitgeist und gebe zu, dass in einer Welt, in der eingeschobene Nebensätze manchen Leuten aufrichtig Angst machen, in der der Genitiv längst verreckt ist und selbst hochbezahlte Talkshowmoderatoren von »LKWs« faseln, obwohl das ein doppelter Plural ist, meine Ansichten über Sprache und Kommunikation etwas antiquiert wirken dürften. Doch ich bin mir sicher, dass eine fundamentale Wahrheit auch im Hightech-Zeitalter noch gilt: Wer sich tatsächlich verliebt hat, will das Objekt seiner emotionalen Begierde hören, sehen, spüren, riechen. Er will ihm nahe sein. Er will keine Buchstaben- und Icon-Flut, er will das menschliche Original.

Unsere Eltern und Großeltern kannten das Sprichwort: »Wer flüstert, der lügt.« Ich denke, das zeitgemäße Äquivalent lautet: »Wer ausschließlich simst, hat nicht wirklich etwas zu sagen.«

IST ES ERNST?

Muss der erste Sex bombastisch sein?

Sie sagt: 50 Prozent der Frauen und 55 Prozent der Männer glauben, dass es Sex gibt, der ihre Welt aus den Angeln heben könnte. Ist Life-Changing-Sex nur ein kleiner, geiler Traum? Immerhin 15 Prozent gaben bei der Befragung des Kölner Ipsos-Instituts an, tatsächlich einmal eine Liebesnacht erlebt zu haben, nach der sich ihr Leben verändert hat. Die meisten bestätigten aber, die Bereitschaft, das Ruder noch einmal herumzureißen, sei schon vorher da gewesen.

Lebensverändernder Sex gehört zum Besten und zum Schlechtesten, was einem Menschen passieren kann. Er birgt die Chance, im Innersten berührt zu werden und sich auf eine Art zu offenbaren, wie man es nie für möglich gehalten hätte. Manchmal hat man in dieser Nacht den wirklich Richtigen gefunden – und manchmal nur den, der einem vorführt, an welchen Lebenslügen, Illusionen und Kompromissen man schon zu lange festhält.

Schlechter Sex kann es ebenso in sich haben. Danach machen viele Frauen endgültig Schluss mit den Liebhabern, die wie verrückt an ihnen herumkneten oder enervierende Rubbelmarathons veranstalten. Ein gelegentlicher Reinfall ist dennoch nie ausgeschlossen. Der ist umso bitterer, wenn sich bis zum Herabtaumeln aufs Liebeslager der Mann und auch sonst alles richtig angefühlt hat. Die unangenehme Wahrheit könnte sein, dass Sie nicht wirklich mit dem Herzen dabei sind. Verliebtheitshormone wie Noradrenalin und Kortisol führen zur Blutdruckerhöhung und steigern die Erregbarkeit der Haut. »Wer verknallt ist, den kickt schon der Kniekontakt. Wer den anderen ›nur‹ liebhat, empfindet Sex auch nicht als rasend spannend. Mäßige Erregung ist ein Indikator, dass Sie nicht in ihn als Mann verliebt sind, sondern nur in die Idee, mit ihm als Mensch eine Beziehung aufzumachen«, schreibt die Journalistin und Buchautorin Nina George in der »Cosmopolitan«. Dass sich die Lust noch einstellt, ist unwahrscheinlich. »Blüht die erotische Leidenschaft nicht mal in der Verliebtheit, stehen die Chancen auf eine erfüllende Sexualität schlecht«, so der Psychologe Oskar Holzberg in einem »Brigitte«-Dossier über die »Wendepunkte der Liebe«. Begierde und Leidenschaft machen keine Beziehung aus – aber das Fehlen von beidem auch nicht.

Bevor Sie sich jedoch zurückziehen, sollten Sie es auf ein paar Versuche ankommen lassen. Es gibt weitere Gründe für misslungene Premieren, zum Beispiel die Unsicherheit, wie der andere die Performance findet, mangelnde Kommunikation oder Freudenstress, der das erste gemeinsame Mal so aufregend wie beängstigend macht. Möglicherweise haben Sie sich beide zu sehr angestrengt und wollten einander etwas beweisen, anstatt in Ruhe herauszufinden, was Sie wirklich voneinander gebraucht hätten. Zeigen Sie ihm darum beim nächsten Mal, wie Sie es mögen, mit führenden Fingern oder geflüsterten Worten. Männer sind froh über eine Anleitung im Bett. Einer, der glaubt, dass eine bohrende Zunge im Ohr die Frau rasend macht, bohrt sonst sein Leben lang jeder Frau die Zunge ins Ohr. Da darf man gerade am Anfang kein Verzücken heucheln oder verschämt schweigen, um ihn nicht zu kränken. Will er Ihnen ein guter Liebhaber sein, wird er Ihre Ansagen eher als Ansporn denn als Kritik nehmen. Möglicherweise kommt es dann beim dritten oder vierten Mal zu dem, was Sie Jahre später noch scharf macht, sobald Sie nur daran denken: lebensverändernder Sex, nach dem man sich mit weniger nicht mehr zufriedengibt.

Er sagt: Na ja, schön wär's natürlich. Doch machen wir uns nichts vor: Die Chance, dass wir bei dem sexuellen Debüt mit unserer neuen Eroberung absolute Höchstwertungen einfahren und für ewig auf dem Thron ihrer erotischen Erinnerungswelt ruhen dürfen, ist eher gering. Und dass wir selbst am Ende mit dem besten Orgasmus unseres Lebens und einem seligen Grinsen im Bett zusammensacken, auch.

Guter Sex, *richtig* guter Sex, ist zumeist eine Sache des Feintunings. Da muss man die Vorlieben des anderen kennen, da muss man wissen und spüren, wie sanft/hart/verspielt der Partner es mag. Sex wird besser, wenn man sich kennt. Beim ersten genitalen Zusammentreffen ist es oft eher ein interaktives Ratespiel, ein Trial-and-Error-Marathon. Die richtigen Signale der Frauen bleiben gern mal aus oder sind, da so manch weibliches Wesen offenbar glaubt, wir müssten alle Gedankenleser sein, so subtil, dass wir schon einen Seismographen bräuchten, um sie wahrzunehmen. Da will man dann natürlich – besonders, wenn man sich noch nicht wirklich kennt – selbst auch nicht ständig Anweisungen geben. Oder zumindest nur, wenn's wirklich essentiell ist: Es ist erstaunlich, wie viele Frauen immer noch denken, Männern reiche simples Rammeln. Oder »Hingabe« sei gleichbedeutend mit »hinlegen und abwarten«. Oder ein Penis sei generell so belastungsfähig wie ein Stahlrohr und man könne ihn quetschen, zerren und an ihm herumreißen, wie man gerade lustig ist.

Damit sein Sensor funktioniert und der Sex so richtig gut läuft, muss ein Mann entspannt sein, sich sicher und, ja, begehrt fühlen. Gar nicht einfach, wenn man als männliches Wesen ein paar Folgen von »Sex and the City« gesehen oder konzentriert eine Ausgabe der »Cosmopolitan« durchgelesen hat. Frauen haben verdammt hohe Ansprüche, erfahren wir da. Sie sind knallharte Vergleicherinnen, lästern hemmungslos im Freundinnenkreis über die Nullnummern, die ihnen widerfahren sind. Frauen sind in ihrem Urteil härter als die Typen beim TÜV. Zumindest glauben wir das. Und das macht uns nicht gerade lockerer.

Frauen haben natürlich gut reden. Sie können sich im Bett höchstens tollpatschig anstellen oder schlimmstenfalls langweilen. Wir Männer können dagegen komplett versagen. Wenn die Dinge ganz mies laufen, bleibt die Erektion aus oder wir ejakulieren schneller, als wir »Wow, ist die Frau scharf« denken können. Das kommt Gott sei Dank selten vor, aber es passiert. Vor allem, wenn wir nervös sind. Und wann sind wir nervös? Natürlich, wenn's das erste Mal mit einer neuen Frau ist.

Klar: Der erste Sex kann auch ein wahres Feuerwerk sein. Manchmal passt einfach alles perfekt zusammen und es ist schlicht genial. Aber stellen wir uns besser nicht drauf ein. Es ist nicht die Regel. Doch wenn einem die Frau wichtig ist, lässt man sich weder von kleinen noch von großen erotischen Enttäuschungen gleich desillusionieren. Beim zweiten Mal kann's nämlich schon ganz anders aussehen. Und beim dritten Mal ... Wow!

Was kann ich am Morgen danach falsch machen?

Sie sagt: Wilde Küsse, verzücktes Bettgeflüster, Liebkosungen, bei denen sich beide vergessen: In der ersten Nacht verschwinden Grenzen, zwei Menschen verschmelzen miteinander, und nichts scheint sie mehr trennen zu können. Außer der nächste Morgen. Kaum steigt man aus dem Bett, fühlt man sich schutzlos und schamvoll, weil man sich angeblich so hat gehenlassen. »Glaubte man in der Intimität der Nacht, den anderen bereits zu kennen, offenbart sich erst am Morgen seine zweite, alltägliche Seite«, sagt der französische Soziologe Jean-Claude Kaufmann, Autor des Buches »Der Morgen danach«, in einem »Brigitte«-Interview. Das erzeugt einen unglaublichen Druck. Daher ist in diesem Moment niemand ganz er selbst. Der eine setzt sich in Szene, gibt sich besonders lässig oder macht peinliche Witze. Der andere sucht Distanz, flüchtet ins Bad oder ganz nach Hause, weil er Entscheidungen befürchtet, die noch gar nicht gefragt sind.

Wie soll man auch gelassen und souverän das Risiko aushalten, in all seiner Menschlichkeit womöglich nicht mehr begehrt zu werden? Wegen der ausgeleierten Sport-Unterwäsche, der Fältchen und der Knubbelzehen, des Haltungsbauchs? Mein Rat ist banal, aber unumgänglich, wenn Sie sich wünschen, dass es weitergeht: Bleiben Sie sich treu. Sich zu verstellen ist viel anstrengender, als sich ehrlich zu zeigen. Frauen sind sowieso am schönsten, wenn sie morgens verstrubbelt und ungeschminkt aus dem Bett steigen, sagen Männer. Und warum? Eben weil sie sich in diesem Moment absolut nicht verstellen. Verwenden Sie Ihre Energie besser darauf, zu schauen, was gerade angesagt ist zwischen Ihnen beiden. Wenn Sie allerdings spüren, dass die Stimmung gekippt ist, dass er Ausweichmanöver veranstaltet oder aber Sie nur noch wegwollen, sollten Sie nichts in die Länge ziehen, sondern sich mit Würde und Respekt verabschieden. Erwachsene Menschen können das.

Falls Sie den Mann aber auch bei Tageslicht sympathisch finden und gern herausfinden würden, was außer einem guten Liebhaber noch alles in ihm steckt – tja, dann tun Sie das einfach! Jean-Claude Kaufmann sagt, dass es keine magische Formel für den Morgen danach gibt. Man könne nur versuchen, locker zu bleiben und neugierig: »Verpassen Sie nicht den seltenen, wertvollen Moment, in dem das Leben alles offenhält.« Paradoxerweise entfalten wir gerade bei allem Neuen starke Abwehrstrategien. Weil Neues auch bedeutet, dass wir uns ändern, öffnen, unsere Muster aufbrechen müssen. Andererseits wollte man so doch auch nicht weitermachen, sonst hätte man sich gar nicht erst auf das Abenteuer eingelassen.

Versuchen Sie am Morgen danach bewusst, ein vorschnelles Urteil oder eine Panikreaktion zu vermeiden. Trotz der körperlichen Nähe wissen Sie kaum, wen Sie da vor sich haben und wie sein Alltagsgesicht tatsächlich aussieht. Sie wissen nur, dass das, was Sie in der Nacht gefühlt haben, echt war. Machen Sie kleine Schritte – Zähne putzen, das Gesicht waschen, Kaffee kochen, was an all den anderen Morgen eben auch ansteht. Ob aus den Kleinigkeiten etwas Großes wird, werden Sie sehen. Es gibt nur einen Weg, das herauszufinden: miteinander reden. Trinkst du einen Kaffee mit mir? Wie magst du ihn, schwarz oder mit viel Milchschaum? Es ist schön, dass du hier bist. Welche Musik möchtest du hören? Ich gehe duschen, kommst du mit? So fängt der Morgen danach gut an.

Er sagt: Ganz gleich, ob Mann oder Frau: Kaum einer mag es, am Morgen danach mit exzessiver Wir-sind-jetzt-ein-Paar-Euphorie überschüttet zu werden. Man ist schließlich noch skeptisch. Es ist ein seltsames Gefühl. Vor wenigen Stunden noch hat man ohne Scham mit diesem Menschen da gegenüber am Frühstückstisch alles Mögliche angestellt – und jetzt? Jetzt fragt man sich plötzlich: Wer ist das überhaupt?

Ein kleiner Prozentsatz von Menschen – man kann sie naiv nennen, Romantiker, Optimisten und in einigen Fällen leider auch Neurotiker – kennt diese Skepsis nicht. Sie denken, diese Nacht hat eine lange Suche zum Abschluss gebracht. Sie sind bedingungslos happy. Ihre unangemessene Euphorie verschreckt allerdings. Diese Menschen lassen einem keine Luft zum Atmen, keine Stille zum Nachdenken, keinen Freiraum zum Entspannen. Sie machen sich ihre eigenen Chancen kaputt.

Das Gros der Menschen ist sich in solch einer Situation jedoch sehr wohl bewusst, dass nun etwas beginnen kann. Das Ausloten nämlich. Das Kennenlernen. Das Verifizieren, Revidieren, neu Justieren. Immer vorausgesetzt natürlich, man will diesen Jemand, mit dem man gerade Sex hatte, tatsächlich kennenlernen. Vielleicht will man auch einfach nur stilvoll verduften.

Man sollte es ruhig angehen, unverkrampft. Jetzt wird geredet, gescherzt, ein wenig mehr in die Tiefe gegangen als beim letzten Gespräch, gleichzeitig aber auch neu geflirtet. Es ist weiß Gott noch nichts in trockenen Tüchern. Und es ist spannend. Man sollte dieses verbale und psychologische Abtasten nicht als bedrohliche Analyse empfinden, man sollte es genießen.

Andererseits: Wenn die zwei Aufwach-Debütanten sich beim Nutella-Knäckebrot gegenübersitzen, am Kaffee nippen, sich tief in die Augen schauen, kein Wort sagen müssen und man quasi mit dem Buttermesser durch die sexuelle Spannung schneiden könnte, die in der Luft liegt – ach Gott, dann spricht natürlich auch nichts dagegen, es gleich noch mal, hier und jetzt auf dem Küchentisch zu treiben.

Ist die Liebe umso größer, je leidenschaftlicher der Sex ist?

Sie sagt: Menschen machen einiges (Golf spielen, kochen, Sex haben, Bücher wie dieses schreiben) mit Lust, Leidenschaft und, ja, in vielen Momenten sogar mit Liebe. Aber sie machen es letztlich für sich. Weil sie es brauchen und dann zufrieden sind mit sich und der Welt. Es gibt Menschen, die mögen Sex, bei dem sie ihre Phantasien ausleben können. Oder solchen, der sie den Reiz des Unbekannten auskosten lässt. Oder auch solchen, der einfach nur eine unangestrengt geile Nummer ist. Für jede Art von Sex ist Leidenschaft, ein gewisses Maß an Vertrauen, eine gemeinsame Gefühlsebene nötig. Aber Liebe? Und ist das überhaupt wichtig? Warum nicht dazu stehen, ein sexuelles Wesen zu sein, einen Trieb zu haben? Leidenschaft ist ein schönes Gefühl. Liebe ein anderes. Ein weitere Logik der Lust ohne Liebe: Die amerikanische Anthropologin Helen

Fisher hat herausgefunden, dass sexuelles Verlangen oft völlig losgelöst ist von allen Partnerwahlkriterien. »Beide Geschlechter fühlen sich häufig zu Personen hingezogen, die sie geheimnisvoll finden«, schreibt sie in »Warum wir lieben«. Ein geheimnisvoller Mensch ist reizvoll, weil er die Lust am Risiko und an der Grenzüberschreitung weckt. Sex mit ihm kann deshalb zum Aufregendsten gehören, was man je erlebt hat – und dennoch springt kein Funke über, weil er so ganz anders ist, zu wenig kompatibel mit den eigenen Werten, Wünschen und Visionen. »Die romantische Liebe«, sagt Helen Fisher, »richtet sich im Allgemeinen auf eine Person, die viele Gemeinsamkeiten mit uns selbst aufweist.« Der Partner, der für eine feste Beziehung in Frage kommt, hat meist den gleichen Bildungsstand und wirtschaftlichen Hintergrund, ist von vergleichbarer Attraktivität und Intelligenz, besitzt ähnliche Einstellungen und soziale Kompetenzen.

Meine Freundin Nina, ebenfalls eine Expertin in Sachen Liebe, glaubt, dass Sex immer leidenschaftlicher wird, je klarer die Beziehung definiert ist. Weiß man, dass man sich geborgen fühlen darf, ganz und gar angenommen und geliebt, macht das Hingabe, Lust und Leidenschaft im Bett leichter. Und die Liebe, die von Anfang an da war, größer.

Wahrscheinlich stimmt alles irgendwie ein bisschen. Wahr ist auch, dass wir Sex und Liebe trennen können.

Er sagt: Nein. Natürlich hat das eine mit dem anderen zu tun. Es wird wohl keine lange währende, große Liebe zwischen zwei Menschen geben, die beim Sex so viel Spaß aneinander haben wie ein Blinder und ein Rollstuhlfahrer beim gemeinsamen Golfspiel. Aber genauso, wie man gnadenlos geilen Sex mit jemandem haben kann, den man rein zwischenmenschlich bestenfalls okay findet, ist man unter Umständen dazu bereit, beim Menschen, den man von ganzem Herzen liebt, Abstriche in Sachen sexueller Erfüllung zu machen.

Ein extremes Beispiel: Lars und Uta sind seit vier Jahren zusammen. Sie sind so glücklich, dass unbeteiligten Beobachtern schwindelig werden kann. Dann hat Uta eines Tages einen Autounfall, ist fortan teilweise gelähmt. Die beiden haben nach wie vor Sex miteinander, doch er ist logischerweise reduziert. Nicht mehr so oft, nicht mehr so wild. Anders. Komplizierter. Anstrengender. Und, ja, für beide nicht mehr so rauschhaft und befriedigend wie zuvor. Lieben sich die beiden deshalb weniger? Ich hoffe nicht. Jedenfalls nicht in der Welt, in der ich leben möchte.

Klar: Ein sexuell entspannter Mann, der für alles offen ist und die erotische Abwechslung liebt, wird wohl eher nicht mit einer Frau alt werden, die sich nur missmutig zu etwas anderem als der Missionarsstellung überreden lässt. Wahrscheinlich würde er sich aber auch gar nicht erst in sie verlieben. Und auch wenn es essentiell für eine Beziehung ist, regelmäßig neue Ideen, Nuancen und Spannung ins Sexleben zu bringen, wird man mit Sex allein keine angeknackste Partnerschaft kitten können. Selbst wenn Sie, liebe Damen, die Kapitel 69 bis 172 des Kamasutra auswendig lernen und körbeweise männerfreundliches Unterleibsspielzeug aus dem Sexshop tragen – das garantiert Ihnen trotzdem kein Liebesglück.

Nicht zuletzt schlummert selbst im wildesten Rammler zudem oft ein kleiner Spießer. Es gibt den Spruch:

»Jene Frauen, die sich anal nehmen lassen, heiratet man nicht.« Das ist absurd, aber irgendwie trotzdem wahr. Freud, Ödipus – Sie wissen schon …

Wenn Männer sich tatsächlich irgendwann aufraffen, sich fest zu binden, ist Sex für sie nicht das wichtigste Kriterium. Es ist nicht einmal das zweitwichtigste.

Was sollen diese Vor-und-zurück-Spielchen?

Sie sagt: In den letzten zehn Wochen hatten Hannes und Paula keine Nacht ohneeinander verbracht. Sie fand es schön, wenn er im Schlaf neben ihr atmete, und noch schöner fand sie sein Stöhnen, wenn ihre Hände nach dem Aufwachen unter der Bettdecke zu ihm wanderten. Heute Morgen griff sie ins Leere. Hannes war nach einem flüchtigen Kuss aus dem Bett gesprungen, hatte sich angezogen und etwas von Mails, die er dringend beantworten müsse, gemurmelt. Weg war er, vor dem Frühstück. Vor dem Bad, das sie sonntags zusammen nahmen. Paula klebte auf der Matratze, sie fühlte sich wie gelähmt. Sie erinnerte sich an ihren Traum von letzter Nacht. In ihr hatte ein Super-GAU stattgefunden. Paulas Körper war ein Atomkraftwerk gewesen, ihr Herz das Zentrum der Kernexplosion. Alles um sie herum war verseucht, im Schlafzimmer hatte jemand deshalb schon alle Möbel mit weißen Tüchern abgedeckt. Sie blickte im Traum zu Hannes und sah, dass nur noch sein Körper neben ihr lag. Sein Geist, sein Herz und seine Seele waren abgehauen, um sich vor ihr zu retten. Als sie über den Traum nachdachte, wurde Paula klar, dass sie gestern Abend intuitiv gespürt hatte, was heute Realität wurde: Hannes hatte kalte Füße bekommen. Weil sie Dinge gesagt hatte, von denen sie bis zu jenem Moment nicht gewusst hatte, dass sie sie sagen würde. »Liebster, ich bin nicht nur zutiefst verliebt in dich. Ich liebe dich«, hatte sie ihm ins Ohr geflüstert, als sie miteinander schliefen. Er antwortete nicht. Sagte weder »Und ich liebe dich« noch »Und ich liebe dich noch tausendmal mehr«. Er küsste und streichelte sie einfach weiter. Vielleicht ist das ja auch eine Antwort, dachte sie, bevor die große Welle kam.

Zehn Wochen lang war Paula nichts als ein menschlicher Haufen Hormone gewesen. Aufgeregt, kopflos, ständig unausgeschlafen. Zehn Wochen war vielleicht nicht alles andere egal, aber *er* war wichtiger. Und jetzt war ihm eingefallen, dass er das vielleicht gar nicht wollte? Hey, Moment, reiß dich zusammen, sagte Paula laut zu sich selbst. Warum war sie nur mit sich beschäftigt, mit ihrer Panik, ihrem Selbstmitleid? Wusste sie nicht besser, was das eigentliche Problem war? Hannes war bewusst geworden, dass es vor ihr noch etwas anderes gegeben hatte: sein Leben. Jetzt wollte er sich sortieren, eine innere Neuordnung vornehmen. Abstand gewinnen, um ihr dann wieder nahekommen zu können. Paula stand auf und ging zu ihrem Ratgeber-Regal. Das funktionierte bei ihr wie bei anderen das Kartenlegen, irgendetwas Passendes fand sich dort immer. Da war es schon: »So hart es klingt: Es gibt nichts, was Sie ändern können! Ihr Partner hat Sie gewählt, hat sich mit Ihnen auseinandergesetzt – jetzt muss er das mit sich tun. Diese Phase hat nichts mit Ihnen zu tun«, las sie in dem Buch »Dating Regeln«. Ach, Mist. Na gut, das würde sie mit Bravour meistern. Sie würde lockerlassen und die Verlustangst aushalten. Sie würde beim nächsten Wiedersehen die unbeschwerte, hinreißende Frau sein, in die Hannes sich verguckt hatte. Sie würde ihn nicht in eine gemeinsame Zukunft hineinzwängen, sondern jeden Tag so nehmen, wie er ist. Sie würde es ihnen beiden leichtmachen.

Hannes spielte nicht mit meiner Freundin Paula, im Gegenteil. Ich persönlich mag das Wort »Spielchen« in der Liebe sowieso nicht. Das würde bedeuten, dass jemand zunächst absichtlich das Sicheinlassen vortäuscht, um den anderen dann wieder ins Ungewisse zu stürzen. Wenn sich jemand in den ersten Wochen zurückzieht, dann weil er seine Gefühlswelt noch nicht sortiert hat, geschweige denn in der Lage ist, darüber zu kommunizieren. Natürlich kann dabei offenbar werden, dass aus der Verliebtheit nicht mehr, sondern eher weniger geworden ist. Daran darf man gar nicht denken, sonst macht man nur Dummheiten. Beendet die Sache womöglich, um dem anderen zuvorzukommen, oder verschießt seine ganze Munition mit zu vielen Anrufen, zu vielen Worten – und zu wenig Würde.

Als Paula an diesem Sonntag das erste Mal seit zehn Wochen ihren Kaffee allein trank, war sie zuversichtlich. Sie spürte ihren Körper wieder, sie reckte und streckte sich. Keine gute Beziehung funktioniert ohne Rückzieher. Der eine fordert heraus, der andere zieht sich zurück und umgekehrt. Das ist auch nach Jahren noch so und hat nichts mit fehlender oder verlorengegangener Liebe zu tun. Es hält das Bewusstsein aufrecht, dass der andere nicht selbstverständlich ist, sondern ein Geschenk.

Zwei Tage später hatte Hannes sich nicht bewegt, weder in die eine noch in die andere Richtung. Paula rief ihn an. Als er »Hallo« sagte, klang seine Stimme belegt. »Alles okay?«, fragte sie ihn. Er seufzte. Da wusste Paula, dass sein Herz nicht zu ihr zurückkehren würde.

Er sagt: Sag niemals nie, klar. Es ist nicht so, dass es noch nie vorgekommen ist, dass sich ein Paar nach wochen-, monate-, vielleicht sogar jahrelangem Hin und Her, Auf und Ab irgendwann tatsächlich doch noch zusammengerauft hat und aufrichtig glücklich miteinander wurde. Langzeit-glücklich. Im März 1974 soll's mal so einen Fall gegeben haben. Und angeblich noch einen weiteren Anfang dieses Jahrtausends, irgendwo im Westfälischen.

Wir alle kennen zwischen drei und zwölf dieser unglückseligen Paare, die einander wie Magnete, die irgendein Sadist ständig umdreht, abwechselnd anziehen und abstoßen. Die zuerst noch unsere volle Solidarität haben, unsere guten Ratschläge. Dann unser Mitleid. Und irgendwann schließlich, ohne dass wir es wollen, einen Hauch unserer Verachtung, weil sie es nämlich immer noch nicht kapiert haben. »Das wird nix mehr, um Himmels willen!«, will man sie anbrüllen. »Gebt auf! Verschwendet nicht länger eure Zeit miteinander!«

Natürlich kann es sein, dass ein junges Glück vorübergehend gegen die Wand fährt. Wegen einer kurzen Bindungspanik-Attacke des Mannes oder einer Fünf-Minuten-Neurose der Frau. So etwas kann sich wieder einrenken. Doch werden solche Intermezzi zur Gewohnheit, hält einer der beiden den anderen hin, wird gedruckst, gemault und gemauert – dann ist das mit nahezu hundertprozentiger Wahrscheinlichkeit der Anfang vom Ende.

Liebe ist etwas Großes. Etwas, was selbst der größte Hirni entweder spürt oder eben nicht. Wer zweifelt, grübelt, zögert, der will nicht ergründen, ob er wirklich liebt. Er versucht vielmehr herauszufinden, ob der Partner, den er derzeit hat, das Beste ist, was ihm nach der Wahrscheinlichkeitsrechnung begegnen dürfte. Er fragt sich, ob er sich mit dem, was er hat, schon zufriedengeben oder lieber doch noch nach etwas vermeintlich Besserem suchen soll.

Warten Sie nicht auf die Antwort. Kratzen Sie schon vorher die Kurve. So etwas haben Sie nämlich absolut nicht nötig.

Woran merke ich, ob er/sie es auch ernst meint?

Sie sagt: Früher habe ich gesagt: Es zählen Taten statt Worte. Dass er mir Erdbeeren mitbringt, nur weil ich ein einziges Mal gesagt habe, wie gern ich sie mag. Dass er immer so schnell wie möglich zurückruft, wenn ich ihm auf seine Mailbox spreche. Dass er den Motor laufen lässt, wenn er durch Schneegestöber zum Briefkasten sprintet, damit ich im Auto nicht friere.

Das sind alles schöne und handfeste Hinweise, das denke ich immer noch. Wir alle wollen sie in rauen Mengen haben. Psychologen sagen, dass wir gerade am Anfang mehr offensichtliche Liebesbeweise erwarten, als wir selbst bereit sind zu geben. Der Grund: Bei der »vorteilhaften Asymmetrie« möchten wir diese Handlungen gewissermaßen als Beleg dafür sehen, den Partner lieben zu können, ohne Gefahr zu laufen, dass unsere Liebe unerwidert bleibt. Nur ist das alles nichts, wenn der andere sich nicht offen bekennt. Dann sitzt man da, analysiert stundenlang diese kleinen Dinge, um sich davon zu überzeugen, dass alles in Ordnung ist. Am Ende (und das kommt, sobald diese Art des Analysierens anfängt) stellt man fest: Das unruhige Gefühl hat nicht getäuscht. Deshalb habe ich es mit zunehmender Lebens- und Liebeserfahrung aufgegeben, mehr in Kleinigkeiten hineinzuinterpretieren als nötig. Kleinigkeiten sind Kleinigkeiten und werden nie zu einer großen romantischen Wahrheit. Für mich zählt am Anfang einer neuen Liebe nur noch eins: die freiwillige Eindeutigkeit. In allem, Worten und Handlungen. Vor seinen und meinen Freunden. Vor seinen und meinen Eltern – und das mindestens für die Dauer von drei Monaten. In dieser Zeit möchte ich wichtiger sein als jeder andere Mensch in seiner Umgebung. Besonders, wenn er es für mich ist.

Ich habe überlegt, wann ich mich gefragt habe, ob es ein Mann wirklich ernst meint mit mir. Das Ergebnis: Wenn ich es mit ihm nicht ernst gemeint habe. Wenn es mir mehr um meine Sehnsucht ging, eine gute Beziehung haben zu wollen, und weniger um ihn. Beim Richtigen stellt man sich diese Frage erst gar nicht.

Er sagt: Natürlich haben wir Männer es da leichter. Frauen sind impulsiver als unsereiner und machen aus ihrem Herzen selten eine Mördergrube. Unser Problem besteht weniger darin, dass wir nicht merken, woran wir bei ihnen sind, sondern eher in der Angst, dass wir zu schnell zu sehr vereinnahmt werden könnten.

Was Frauen wissen sollten, ist dies: Ob ein Mann aufrichtig und wirklich verliebt ist und ob er eine lange, feste, dogmatische Zweierbeziehung haben will – das sind für ihn zwei verschiedene Dinge. Zumindest am Anfang. Die Frage mit dem Verliebtsein kann er sich selbst schnell beantworten. Doch er braucht ein bisschen Zeit und Luft, um aus dieser Erkenntnis heraus den zweiten Schritt machen zu können. Das erklärt die für Frauen mitunter völlig widersprüchlichen Signale.

Da überrascht er sie beispielsweise mit einem selbstgekochten Drei-Gänge-Menu, wobei er jede von ihr irgendwann mal noch so beiläufig geäußerte Nahrungsvorliebe berücksichtigt hat, hat dazu ihre Lieblings-CD in den Player geschoben und beweist sich danach im Bett als der selbstloseste Lover des 21. Jahrhunderts – aber dann mault er, weil sie unbedingt will, dass er ihre Eltern kennenlernt. Zu früh?, wundert sie sich. Wieso zu früh? Wir kennen uns doch schon seit zwei Wochen!

Ich würde jetzt gern behaupten, dass auch Männer tief in ihrem Innersten allesamt Romantiker sind. Aber ich fürchte, das wäre eine Lüge. Neulich bin ich nach Hause gekommen und hatte einen Blumenstrauß dabei, Herbstblumen, einfach so, weil sie schön aussahen, weil meine Frau Astern mag, weil ich ein Warmduscher bin. Als ich das Gartentor aufschloss, grölte ein Möbelpacker, der auf der anderen Straßenseite mit zwei Kollegen Sessel und Bierflaschen stemmte, zu mir herüber: »Ey, da muss sich aber einer bei seiner Alten entschuldigen. Da haste gestern wohl Scheiße gebaut, wa, Alter?! Bruhaha!« Mein tiefes Beileid an Frau Möbelpacker. Offenbar gibt es sie wirklich, die von den Frauen dieser Welt immer wieder beklagten tumben Klötze, denen eine simple, grundlose Aufmerksamkeit für eine geliebte Frau als ein höchst grotesker Einfall erscheint. Als Pflichtübung nach einem Fehler.

Nein, kleine Gesten, Aufmerksamkeiten, Komplimente sind wichtig. Und bitte nicht immer nur das Standard-Programm »Blumen, Süßigkeiten, Parfum«, sondern auch mal etwas, woran sie sieht, dass Sie ihr tatsächlich zugehört haben, dass Sie sie kennen und ergründen wollen. Solche Gesten sind das plausibelste Indiz dafür, dass ein Mann verliebt ist.

Heißt das im Umkehrschluss, dass es dem Mann nicht ernst ist, wenn solche Aufmerksamkeiten ausbleiben? Nicht unbedingt. Denken Sie an Herrn Möbelpacker. Der ist vielleicht ein echt netter Kerl, würde einen guten Vater abgeben, einen zuverlässigen Lebensgefährten – verfügt aber eben nur über die romantischen Qualitäten eines Grottenolms. Bei diesem Typ Mann muss frau ganz genau hinschauen und sich fragen: Ist es nicht vielleicht auch ein Liebesbeweis, wenn er mir stundenlang die neue Regalwand zusammenschraubt und ungefragt den Ölwechsel bei meinem Auto macht? Frauen halten so was nämlich oft irrtümlich für eine Selbstverständlichkeit. Als ob wir Männer alle mit einem Schraubenschlüssel in der Hand auf die Welt gekommen wären. Fragen Sie solch einen Mann ruhig, ob er auch mal bei Ihren Eltern unter die Motorhaube guckt. Das könnte interessant für Sie werden. Aber fragen Sie ihn nicht gleich nach vierzehn Tagen.

Wer sagt wann und wie die drei großen Worte?

Sie sagt: Falls möglich, sollte man das Aussprechen des Satzes »Ich liebe dich« so unemotional wie möglich angehen. Er muss nicht bei Kerzenlicht gehaucht werden oder bei einem Sonnenuntergang auf Santorin. Der passende Moment kann ein leiser sein. Vielleicht, wenn beide seit Stunden auf dem Parkettboden herumkriechen und versuchen, ihr neues Ikea-Regal zusammenzubauen. Oder wenn sie in ihrer guten Wäsche auf dem Badewannenrand steht und mit dem Staubsauger Spinnweben aus den Badezimmerecken holt. Es ist der Moment, in dem man erkennt, dass man sich mit dem anderen alles vorstellen kann. Nicht nur vier Wochen lang wildromantisch mit dem Auto bis zum Nordkap zu fahren, zwei süße Kinder, ein idyllisches Häuschen im Grünen, sondern auch Sockenhaufen überall, alle vier Wochen PMS, mit achtzig immer noch die Hand des anderen halten zu wollen – also wenn das Ganze eine solide Basis hat. Diese Gewissheit zieht langsam ein und sollte nicht mit der Lust, den anderen in sich einsaugen zu wollen, verwechselt werden.

Der richtige Zeitpunkt dafür? Frühestens nach drei Monaten, sobald der Rausch der Verliebtheit nachlässt und an dessen Stelle Verbundenheit, Verständnis sowie die Akzeptanz der Macken und Fehler des anderen getreten sind. Zu früh damit herauszurücken wirkt eher emotional bedürftig denn echt und kann das Ende einer hoffnungsvollen Liaison bedeuten, weil es noch nicht an der Zeit war, die unverbindliche Leichtigkeit aufzugeben. Das ist auch der Grund, warum eigentlich der Mann als Erster die drei Worte sagen sollte. Macht es die Frau, bekommt er das Gefühl, dass er im Auftrag der Natur rangenommen werden soll – zum Heiraten, Kindermachen, Nestbauen, das ganze Bindungsprogramm eben, obwohl sie eigentlich erst einmal nur ihn mit ihrer Liebe wärmen wollte. Das bedeutet nicht, dass man ihm für sein Lippenbekenntnis zu viel Zeit lassen sollte. Die Länge der Wartezeit mag jede Frau selbst bestimmen, nur sollte man dabei nie verdrängen oder vergessen: Männer sind sehr wohl fähig kundzutun, was und wen sie wollen, sofern sie wollen. Selbst wenn sie es dann auf Umwegen ausdrücken und »Ich will dich noch in fünfzig Jahren in deiner guten Wäsche Spinnweben von der Decke holen sehen« sagen.

Die Antwort darauf kann alles sein. Alles außer »Ich dich auch«. Da wird mir persönlich immer ganz anders (unwohl). Das klingt, als könnte man nicht geradeheraus dazu stehen, sondern erst nach einer Umleitung durch das Gehirn. Beim Lieben gibt es aber nur den direkten Weg, und der führt mitten ins Herz.

Er sagt: Schon witzig, wie ein Satz zwei verschiedene Bedeutungen haben kann. Nehmen wir mal »Lass uns Spaß haben«. Sagt eine Frau diesen Satz zu ihrem Lover, meint sie vielleicht einen Ausflug in einen Freizeitpark, Tanzen in einem angesagten Club, Doppelkopf mit Freunden. Sagt dagegen ein Mann denselben Satz, redet er mit hoher Wahrscheinlichkeit von Sex.

Mit »Ich liebe dich« ist es ähnlich. Bei einem Mann, so er diese Worte denn tatsächlich aus sich herauspresst, ist es meist eine spontane Äußerung, eine relativ hintergedankenfreie, in der Euphorie des Moments entwichene Bekanntgabe seines persönlichen Glücks. Sagt's jedoch eine Frau, kann's für einen Mann klingen wie: »Ich will, dass du ab jetzt komplett für mich da bist! Du sollst ein fester Bestandteil meines Lebens sein. Du wirst kein Individuum mehr sein, sondern nur noch die Hälfte eines Paares. Ich will Kinder von dir. Kauf mit mir am Samstag ein Sofa bei Ikea. Lass uns über einen gemeinsamen Rentenfond nachdenken.«

Nichts gegen gemeinsame Rentenfonds, aber wie in vorherigen Kapiteln bereits ausführlich kundgetan wurde: Männer haben entsetzliche Angst davor, eingeengt zu werden. Und wenn es geschieht, wollen sie gern glauben, dass es ihre eigene Entscheidung war.

Ja, Frauen können mitunter bis zum Klimakterium und darüber hinaus warten, bis ein Kerl sich mal bequemt, die entscheidende Kombination aus elf Buchstaben abzusondern. Es spricht also nichts dagegen, wenn die Frau irgendwann (du hast recht, Jurate: bloß nicht zu früh!) wissen will, woran sie ist. Nur, bitte, liebe Frauen: Macht keinen Staatsakt daraus! Lasst die Bombe so spontan und locker wie möglich platzen. Am besten direkt nach dem Sex. Dann kann sich das sensible Wesen Mann notfalls einbilden, diese Äußerung wäre im Taumel der Ekstase aus ihr herausgerutscht (»Gott, bin ich gut!«) und hätte gar nicht sooooo viel zu bedeuten.

Ach ja, übrigens, nur so ganz nebenbei: Manchmal freuen sich Männer auch, die drei Worte zu hören. Ehrlich! Mitunter sogar ganz doll.

Der Kopf sagt: Er/sie ist nicht richtig für mich. Der Bauch sagt: Will haben – Was tun?

Sie sagt: Es dauert lange, bis man den Richtigen findet. Das passiert nicht einfach so nebenbei. Aber waren alle Lieben davor deshalb falsch? Nein. Hat man trotzdem gespürt, dass sie nicht absolut richtig sind? Ja. Ich bin der festen Überzeugung, dass jeder Mensch diese innere Stimme besitzt, nur leider oft nicht auf sie hört, weil ihm die Wahrheit missfällt. Ich persönlich möchte trotzdem keine meiner »Will haben«-Lieben missen. Weil ich sonst heute nicht die Entscheidungen treffen könnte, mit denen mein Herz (oder mein Bauch, man kann das Gefühl ja nennen, wie man will) *und* mein Verstand glücklich sind.

Die gestellte Frage kann ich kaum aus persönlicher Erfahrung beantworten. Bei mir war es nie mein Kopf, der alles besser wusste, und mein Bauch, der mich ins Liebeschaos stürzte, sondern umgekehrt. Ich musste mir das Bauchmensch-Sein mühsam antrainieren, denn auf meine Gefühle zu hören erschien mir lange Zeit nicht sonderlich sicher. Meine Kopf-Entscheidungen waren aber auch nicht die besten.

Ich wusste bei jedem falschen Mann sofort: Der ist nichts für dich und du bist nichts für ihn. Das gibt nur Ärger. Das sagte der Bauch, während der Kopf ihn übertönte: Ach, papperlapapp! Jurate, hör zu, du musst dir nur genug Mühe geben, dann wird das alles schon! Wenn es vorbeiging, vorbeigehen musste, weil 50 Prozent (der Kopf) nie zum Jasagen reichen, erkannte ich, dass ich in diesem Moment eben noch nicht mehr geben konnte (mein Herz). Einer lebte weit weg, ihm schenkte ich das Wochenende, aber nicht die Woche, denn da gab es noch zu viel anderes zu tun. Ich musste mich um meine Karriere, meine Selbstverwirklichung, ach Himmel ja, um mein Ego kümmern. Ich wollte keinen, der mir rund um die Uhr auf der Pelle hockte, und niemand brauchte mir zu sagen, dass mein Wochenendmann das in diesem Leben auch niemals tun würde. Ein anderer war ein großer dummer Junge, und ich nahm ihn, weil ich selbst nicht erwachsen genug war, einem Mann standzuhalten.

Doch egal, ob der Kopf nein und der Bauch ja sagt oder andersherum: Es geht nicht bei jeder Beziehung darum, ob sie vernünftig ist, lebbar, für immer. Manche Partnerschaften sind als Lernprozesse gedacht. Sie zeigen uns die Entwicklungsstufe, auf der wir stehen, und auch schon das nächste Ziel, das sich anzustreben lohnt. Seal, Sänger und Ehemann von Heidi Klum, sagte einmal in einem Interview mit der »Brigitte Woman«: »Jede Beziehung bereitet dich auf deine ultimative Beziehung vor, die du hoffentlich irgendwann haben wirst.« Er hat sie ja, hoffentlich. Die Entscheidung für einen Partner, der nicht langfristig passt, bedeutet, dass man sich und seine Kräfte richtig einschätzt. In dieser Phase hält man eben nur so viel Beziehung, Intimität, Alltag und Verbindlichkeit aus. Fühlt es sich aber gegen jede Vernunft so richtig an wie sonst nichts auf der Welt, ist das eine wertvolle Erfahrung, so paradox das klingt. Ich erlebte jedes Mal 50 Prozent Glück und 50 Prozent Leid, weil die Beziehungen ja nie wirklich erfüllend waren. Wenn man irgendwann genug davon hat und beides annimmt, die Liebe wie den Schmerz, wird man vollständig und kann 100 Prozent von sich geben. Dann hört man auf mit dem Ausweichen vor dem Sicheinlassen. Dann ist man bereit, die Kontrolle aufzugeben, und kann sich von der Illusion verabschieden, dass die Liebe zu einem Menschen ewig halten muss. Diese Gewissheit macht frei. Man hat keine Angst mehr vor den Risiken, die das Lieben mit sich bringt, und kann endlich jemanden wählen, der einem mit ganzer Kraft entgegenkommt. Mit Kopf und Bauch.

Er sagt: Was uns nicht umbringt, macht uns härter. Aus Schaden wird man klug. Man muss viele Frösche küssen, bis man die Prinzessin findet. Man will sich ja später nicht vorwerfen, eine Chance ausgelassen zu haben. Undsoweiterundsofort.

Ja, all diese Klischees und Kalenderblattweisheiten sind durchaus wahr. Wenn mein Kumpel Thomas nicht in einer vorherigen Beziehung am eigenen Leib erfahren hätte, wie nervtötend eine chronisch unzuverlässige und unkalkulierbare Frau sein kann, würde er sicher mehr darunter leiden, dass seine Ina ein kleiner Kontrollfreak ist. Wenn er nicht zuvor einige Freundinnen mit Riesenbrüsten gehabt hätte, würde er vielleicht mit Inas kleinstmöglicher Körbchengröße hadern, weil er glauben würde, dass die Qualität des Sex tatsächlich etwas mit dem Brustumfang zu tun hat. Wenn er nicht eine Kurzzeit-Freundin gehabt hätte, deren grenzdepressive Mauligkeit ihn an den Rand der Verzweiflung getrieben hat, würde er seine Ina vielleicht für etwas zu geschwätzig halten.

Partnerinnen, die man wider besseres Wissen ausgewählt hat, rücken bei späteren Liebschaften die Proportionen zurecht und helfen dabei, irgendwann die »Richtige« zu erkennen. Man braucht nämlich Vergleichswerte, um echte Qualität zu erkennen. Man muss herausfinden, was (einem) wirklich wichtig ist in einer Beziehung. Und übrigens: Die richtige Frau, die Wahre, die Einzige, ist nicht die, bei der der Kopf des Mannes anspringt. Auch nicht der Bauch. Sondern beides gleichzeitig.

Was tun, wenn er sagt: »Ich will mich im Moment nicht binden?«

Sie sagt: Einer der großen Irrtümer in der Frauenwelt ist der Glaube, dass ein Mann, der »Ich will mich im Moment nicht binden« zu ihr sagt, dies zu einem späteren Zeitpunkt doch noch wollen wird. Weil er angeblich nur Angst vor seinen Gefühlen hat. Weil sein Leben gerade kompliziert ist und er es unbedingt entkomplizieren muss, bevor er sich richtig einlassen kann. Weil er eine schmerzhafte Trennung wegstecken und sich von seiner Ex abnabeln muss. Ach Gott, wie oft haben meine Freundinnen und ich Ausreden für angeblich bindungsängstliche Männer gefunden! Nur an eines haben wir nie gedacht, nie denken wollen: »Bindungsbereitschaft fühlt ein Mann nie – außer bei der Richtigen«, bringt es der Autor Gerhard Kummer in der »Cosmopolitan« auf den Punkt.

Sagt Ihrer, dass er sich gerade nicht binden will oder kann, dass er Sie aber wahnsinnig gern »mag«, lügt er nicht. Doch warum sollten Sie mit einem Mann zusammenkommen wollen, der Sie nur mag, anstatt Sie für das Größte, Aufregendste, Einzigartigste zu halten, was auf dieser schönen Welt herumläuft? Der nicht alle Hebel in Bewegung setzt, um Sie zum Fixstern seines kleinen Universums zu machen? Alles andere ist doch ein Wahnsinn. Keine Frau darf glauben, einen offenbar bindungsscheuen Mann bekehren, in sich verliebt machen und heilen zu können. Da verrinnt nur Lebenszeit. Er muss nicht nach dem ersten Sex wissen, was er will, auch nicht nach dem vierten, fünften Mal. Aber wenn er nach Tagen und Wochen des Aufeinanderzugehens beginnt, Abstand zu nehmen, darf es allenfalls kurz Verständnis und Geduld geben. »Warten Sie nicht zu lange«, rät die Psychologin Eva Wlodarek in »Den richtigen Mann finden«. »Je weniger gemeinsame Geschichte Sie haben, je weniger gemeinsame Erinnerungen, umso leichter wird Ihnen eine Trennung fallen.«

Und jetzt mal ehrlich: Wenn ein Mann sich nicht binden will, will es die Frau eigentlich auch nicht. Sie weiß längst, dass das anvisierte Ziel nicht zu ihr passt. Dass er kaum der Mann ihrer Träume ist, eher ein lustiger Luftikus, ein konfliktscheuer Weichspüler, ein unausgegorenes Bürschchen. Aber sie möchte so gern daran glauben, dass er mit ihr den Anfang machen kann, hin zu der ehrlichen und liebevollen Beziehung, von der wir alle träumen. Das ist ja das Schöne an uns Frauen, dass wir die Hoffnung nie aufgeben. Ach, verdammt.

Ob er nicht doch nur noch ein bisschen Zeit braucht? Gernot, sag du doch was …

Er sagt: Was soll ich sagen, Jurate? Du hast recht. Komplett und völlig recht! Ganz gleich, ob es ein lustiger Luftikus, ein konfliktscheuer Weichspüler, ein unausgegorenes Bürschchen oder aber auch ein sensibler Traummann oder grundsolider Supertyp ist – ein Mann bindet sich tatsächlich nur, wenn seine innere Stimme ihm dazu rät. Nein, mehr als das: wenn sie es ihm lauthals befiehlt!

Vielleicht sind wir Männer ja einfach romantischer als ihr Frauen. Wir probieren eine Beziehung eben nicht pragmatisch aus, wir geben uns ihr nur dann hin, wenn in unserem Kopf laut und deutlich die Liebesglocken läuten. Vielleicht bimmeln sie bei uns aber einfach seltener. Oder vielleicht sind wir nur zu doof, um sie wahrzunehmen.

Wenn ein Mann nicht bereit ist, ist er nicht bereit. Und wird's dann auch nicht mehr. Technisch formuliert: ER und SIE sind in solch einem Fall nicht kompatibel. Das ist nicht nur seine Meinung. Das ist so. Männer mögen ständig lügen wie gedruckt, in diesem speziellen Falle sind sie jedoch prinzipiell von unbarmherziger Ehrlichkeit. Da muss frau durch.

Warum drängelt sie so?

Sie sagt: Männer kommen im Schnitt nach 1,8 Minuten zum Orgasmus, fahren mit 230 Stundenkilometern über Rennstrecken, brauchen 15 Minuten zum

Lebensmitteleinkauf (Frauen mehr als 30 Minuten) und denken beim ersten Gespräch mit einer attraktiven Frau sofort an Sex – das belegen viele Studien und Statistiken. Immer haben sie es eilig, immer wollen sie die Ersten sein. Nur in der Liebe und beim Kindermachen nicht. Da drängelt die Frau plötzlich so. Der Gedanke setzt pünktlich zum Ende des Verliebtheitsrausches ein, also nach drei Monaten bis anderthalb Jahren. Dann wissen Männer zwar immer noch, dass sie mit ihrer Liebsten die Allerbeste abgekriegt haben, dass sie einzigartig ist und perfekt als Mutter ihrer ungeborenen Kinder – aber ein leiser Zweifel, der bleibt. Könnte da draußen vielleicht doch noch eine sein, die besser, einzigartiger und perfekter ist? Da ist mal wieder angeblich die Evolution am Werk: Männer sehnen sich nach vielen Partnerinnen, weil sie ihre Gene möglichst breit streuen wollen. Das würden sie natürlich nie zugeben.

Ich verstehe das alles nicht. Will ich auch nicht. Deshalb: Fühlt ein Mann sich bedrängt, soll er das bitte – wie sonst auch alles – mit sich selbst ausmachen. Mit der Frau hat das rein gar nichts zu tun. Was ist das überhaupt, »drängeln«? Eine glücklich verliebte Frau will endlich anfangen mit dem gemeinsamen Leben. Sie hat Lust, sich einzulassen, richtig und ganz. Vermutlich, weil sie etwas entdeckt hat, was die amerikanische Psychologin und Paartherapeutin Barbara de Angelis folgendermaßen beschreibt: »Der Schlüssel, den richtigen Partner zu finden, ist, nach einem Mann mit einem guten Charakter zu suchen, nicht nur nach einem mit einer guten Persönlichkeit.« Also, ich würde mich da nicht lange bitten lassen.

Er sagt: Fies, aber bekanntlich wahr: In Männern tickt die biologische Uhr deutlich langsamer. Klar, wir werden irgendwann fett, runzelig, grantig und unansehnlich. Aber natürlich glauben wir tief in unserem Innersten trotzdem, dass wir wie Sean Connery sind und im Alter stetig mehr Charisma und Sexappeal entwickeln werden. Und was ist mit Picasso? Der hat noch Kinder gezeugt, als sein Gebiss bereits zum sechsten Mal runderneuert wurde! Keine Hektik also. Wir haben's nicht eilig.

Oder?

Ich zum Beispiel wollte schon sehr früh ein Kind. Und noch eins. Mich musste man nicht drängeln. Eher im Gegenteil. Ich habe genug männliche Freunde, die ihre Frauen regelrecht anflehen, endlich Mutter zu werden, während die jedoch vorher noch die nächste Beförderung abwarten, zwei große Aufträge abwickeln oder das Dolce Vita genießen wollen. Ich kenne auch haufenweise Frauen, die ihre Beziehungen betont easy angehen und Kinder regelrecht furchtbar finden. Wollen sie nicht haben. Niemals. Ich kenne sogar einen Mann, der seine Frau letztlich verlassen hat, weil er von einem Haus und einer Familie träumte und es leid war, dass seine Damalige permanent Zeit schindete. Sie fühlte sich einfach noch nicht bereit. Wollte lieber verreisen. Außerhalb der Schulferien.

Die Zeiten ändern sich. Der genetische Fortpflanzungstrieb der Frauen existiert nach wie vor, der männliche Gluckentrieb mag immer noch kleiner sein als der weibliche. Aber ich habe das Gefühl, die Grenzen fangen an zu verschwimmen.

Tatsächlich unterliegen Frauen ganz oft einem Interpretationsfehler, wenn sie glauben, wir Männer würden uns gegen ein klassisches Familienglück sträuben.

Blättern Sie ein paar Seiten zurück und lesen Sie quer. Sie werden an mehreren Stellen auf den wahren Grund stoßen, warum wir das Drängeln so fürchten. Ja, genau, es ist schon wieder die alte Leier: Wir wollen nichts von uns aufgeben. Wir wollen etwas Festes, viele von uns wollen Kinder, aber – ta, taaa, Überraschung! – all das bitte mit unseren heißgeliebten, lebenswichtigen Freiräumen.

Clevere Frauen verkaufen uns eine Beziehungs-Intensivierung deshalb als Plus. Wir bekommen etwas dazu. Wir werden beschenkt. Jeder Hinweis, dass mit dem Zusammenziehen, dem Kinderkriegen, dem gemeinsamen Komplett-Alltag auch ein Haufen Kompromisse und eine Menge Verzicht auf uns zukommen, verkneifen sich kluge Frauen. Das merken wir noch früh genug.

DER ERSTE STREIT

Warum können Männer und Frauen nicht vernünftig miteinander streiten?

Sie sagt: Der erste Streit ist schrecklich. Verliebte fallen aus den rosaroten Wolken, weil das unendliche Verständnis füreinander anscheinend über Nacht verschwunden ist. Dafür kriecht beiden der ernüchternde – eigentlich hat ja nur der Hormonrausch nachgelassen – Gedanke ins Hirn: Der/die ist ganz anders, als ich dachte. So normal. So menschlich. So nervig. Ach, Mist. NIE setzt er sich zum Pinkeln hin oder klappt wenigstens die Klobrille wieder herunter. IMMER muss sie beim Zähneputzen das Wasser 10,63 Minuten lang laufen lassen und danach noch mal 1,57 Stunden im Bad verbringen. Er kann herzzerreißende Gedichte schreiben, doch über seine Gefühle reden, wenn's wirklich darauf ankommt, das kann er nicht. Sie tut dafür nichts anderes, erst passt ihr dies nicht, dann jenes, den ganzen Tag macht sie nur nägnägnäg, nägnägnäg.

Was ist bloß geschehen? War man bis dahin blind? Oder schlimmer – hat man wieder den Falschen erwischt? Nein. Beide sind nur ihren selbstproduzierten Sehnsuchtsbildern aufgesessen. Der andere war die ganze Zeit über das, was er ist: schlampig oder pedantisch, ein Schweiger oder ein Befindlichkeitsquatscher, ein Morgenmuffel oder ein Nachtmensch. Er hat vielleicht alles ein wenig ausgesteuert – aber er hat auch geglaubt, dass er geliebt wird, wie er ist. Beim ersten

Streit wird beiden schmerzhaft bewusst, dass nicht allein die Gefühle entscheiden, ob die Beziehung Bestand haben wird. Sondern inwieweit jeder die Frage »Kann ich mit seinen Macken und Fehlern leben?« mit Ja beantworten kann.

Der erste Streit ist schön. Endlich ist die Weichspülphase vorbei. Endlich zeigt sich, mit wem man es wirklich zu tun hat und ob beide dazu bereit sind, sich zusammenzuraufen, weil sie vorankommen wollen miteinander. Die Voraussetzung ist der Wille, sich in die Welt des anderen hineinzuversetzen. Psychologen sagen dazu »Empathie«. Das ist die Fähigkeit, sich losgelöst von den eigenen Gefühlen die Situation aus der Perspektive des anderen vorzustellen. Damit gesteht man ihm die Ebenbürtigkeit zu, die eine gute und stabile Partnerschaft braucht. Gleichzeitig sollte man selbstkritisch hinterfragen, um was es einem bei dem Konflikt tatsächlich geht. Stört es mich wirklich, wenn er morgens am Frühstückstisch die Zeitung liest, oder geht es darum, dass ich in diesem Moment keine Aufmerksamkeit bekomme, mich zurückgesetzt fühle? Nervt es mich wirklich, dass sie so wenig Sport treibt, oder geht es in Wahrheit um meine Wunschvorstellung, dass meine Freundin alle meine Interessen mit mir teilen sollte, dass sie so ist wie ich? Oft hat die ehrliche Antwort wenig mit dem anderen zu tun und mehr mit dem eigenen Ego, der Erziehung, den alten Beziehungen, denen man noch nachtrauert.

Die ersten Konflikte packen das Problem an, das in jeder verbindlichen Beziehung gelöst werden muss: Wie bringen wir unsere Persönlichkeiten, Wünsche, Bedürfnisse und unsere Art, mit dem Leben umzugehen, unter einen Hut? Die unterschiedlichen Vorgehensweisen der Geschlechter sind dabei von der Natur gewollt, das ist meine feste Überzeugung. Ja, in der Verschiedenheit liegt ein Sinn. Meist sprechen Frauen die Probleme in der Partnerschaft an, während sich Männer notorisch davor drücken. Die Frau ist das Barometer der Bindung, stellt denn auch Bas Kast in »Die Liebe und wie sich Leidenschaft erklärt« fest: »An ihr lässt sich ablesen, wie es um die Beziehung steht.« Dass Männer wiederum mauern, liegt Studien zufolge an ihrem autonomen Nervensystem, welches unter Stress deutlich sensibler reagiert als das von Frauen. Einfach zu schweigen scheint darum die beste Strategie zu sein, die körperliche Erregung wieder abzubauen, so der Rückschluss der Forscher (nachzulesen in dem spannenden Buch »Was die Liebe stark macht« von Hans-Werner Bierhoff und Elke Rohmann). Wo kämen wir überhaupt hin, wenn Mann und Frau dieselbe Strategie anwendeten? Wir würden alles zerreden oder uns erregungabbauend anschweigen. Dank der Verschiedenheit kann jeder auf seine Weise an einer Lösung arbeiten – vorausgesetzt, die Streithähne vergessen den Respekt nicht und sind bereit, voneinander zu lernen. Dann macht eine Auseinandersetzung die Liebe noch interessanter. Weil beide merken, dass verschiedene Wege sie ans Ziel bringen und sie sich dort mehr miteinander verbunden fühlen als vorher.

Im Grunde genommen streiten Frauen ja gar nicht. Sie denken laut nach – über ihre Freude, ihren Ärger, ihre neuesten seelischen Entdeckungen, über das, was sie brauchen, um glücklich zu sein. Wenn Männer mitstreiten (also den Frauen beim lauten Nachdenken gut zuhören), dann schweigen, beschwichtigen oder reden sie um den heißen Brei herum. Sie wollen dadurch Zeit gewinnen, weil sie glauben, Taten sprechen lassen zu können. Dann setzen sie ihre Beziehungs-Handwerkerkappe auf, gehen in den gedanklichen Hobbykeller und suchen nach dem geeigneten Werkzeug, um alles zu reparieren. Sprechen wollen sie erst wieder, wenn sie die Lösung vorzeigen können. Das Problem dabei: »Dieser innere Prozess kann bei ihnen einige Minuten, manchmal auch Jahre dauern«, schreibt der amerikanische Paartherapeuten-Guru John Gray in »Männer sind anders. Frauen auch«. So lange können wir Frauen ja oft nicht warten.

Er sagt: Fragen Sie mal einen Mann, *irgendeinen* Mann, einen Wildfremden auf der Straße: »Sagen Sie mal: Ist Ihre Frau eigentlich manchmal so richtig komplett und uneingeschränkt zufrieden?«

Die Antwort wird »Nein« lauten. Garantiert. Frauen kennen den Aggregatzustand »easy« nämlich nicht. Sich zurückzulehnen, breit zu grinsen und die Dinge einfach mal – und sei es auch nur für popelige fünf Minuten – total okay und cool zu finden? Schlicht unmöglich.

Wenn Verena und Ulf sich ein Ferienhaus in Dänemark mieten, dann weiß Ulf, dass die ersten zwei Stunden nach der Ankunft total nervig sein werden. Wie ein Sergeant von der Militärakademie inspiziert Verena nämlich erst einmal jede Ecke des Domizils, sucht regelrecht nach Fett- und Dreckresten der Vormieter, bemängelt das Heizungssystem, findet die Aussicht suboptimal und fragt sich, warum das Bett ausgerechnet unter dem am schlechtesten isolierten Fenster stehen muss, wo es so furchtbar zieht. (»Merkst du das denn nicht, Ulf?! Das musst du doch merken!«) Ulf mag aber nicht Zugluft-Messgerät spielen. Er legt lieber die Füße hoch, switcht durch die Satellitenkanäle und guckt, ob die hier auch »Eurosport« haben. Wenn nicht – auch okay.

Nach einer Stunde Mängelanalyse seiner Liebsten äußert sich Ulf zum ersten Mal. Verena wischt seine Aufforderung, doch mal etwas lockerer zu sein, aber nur beiseite. Nach 90 Minuten schlägt er vor, den Vermieter anzurufen und um ein anderes Haus zu bitten. Das will sie aber seltsamerweise nicht. Wie unlogisch. Nach zwei Stunden meckert er sie dann an, dass sie eine miese Nörglerin sei. Daraufhin bricht Verena in Tränen aus und bezeichnet Ulf als einen phlegmatischen, abgestumpften Klotz.

Irgendwann haben sie dann Sex unter dem zugigen Fenster und alles ist wieder okay.

Der Witz an der Sache: Eigentlich findet Verena das Haus super. Und Ulf würde ihre kleinliche Mängelliste viel gelassener hinnehmen, wenn er nicht fest davon überzeugt wäre, dass sie nicht das Haus kritisiert, sondern ihn.

Die meisten Männer fühlen sich permanent für alles verantwortlich und sind außerdem von Natur aus chronisch paranoide Mimosen. Sie denken, sie stecken bereits mitten in einem Streit, während ihre Süßen eigentlich nur ihrem genetischen Fluch folgen, partout jeden Gedankengang laut äußern zu müssen. Weil Männer nun also glauben, kritisiert und angegriffen worden zu sein, denken Frauen, ihr Mann würde grundlos einen Streit vom Zaun brechen. Eine halbe Ewigkeit reden, schreien und schweigen sie nun aneinander vorbei – und am Ende weiß keiner mehr so richtig, wieso.

Eigentlich ist das lustig.

Und wissen Sie, was noch lustiger ist? Obwohl Männlein und Weiblein all diese Dinge wissen, tun sie's trotzdem immer wieder. Mit schöner Regelmäßigkeit.

Streiten ist eben ein unerlässlicher Teil der Beziehungsarbeit. Und wir machen eben alle nur unseren Job. Die einzige essentielle Regel, die es unbedingt zu befolgen gilt, ist, sich im größter Eifer des Gefechts niemals zu Beleidigungen und Kränkungen hinreißen zu lassen. Denn das ist kein Streit mehr. Das ist mutwilliges Zufügen von Schmerz.

Heißt das, wir sind doch nicht seelenverwandt?

Sie sagt: Am Anfang ist die Seelenverwandtschaft da, weil wir überall danach suchen: in Menükarten, im Museum, beim Musikgeschmack. Die unermüdliche Suche folgt dem »Ähnlichkeitsgesetz«. Das besagt, dass große Ähnlichkeit viel Sympathie hervorruft – und »wer sich ähnlich ist, rückt näher zusammen«, schreiben die Sozialpsychologen Hans-Werner Bierhoff und Elke Rohmann in »Was die Liebe stark macht«. Aber Achtung! Wo die Liebe hinfallen soll, wird geschummelt! »Gerade in Situationen, in denen beide Seiten einer Beziehung gegenüber offen sind, ist damit zu rechnen, dass Menschen das Ähnlichkeitsgesetz der interpersonellen Attraktion strategisch einsetzen. Sie stimmen dem anderen zu, um anziehend zu wirken, ohne Rücksicht darauf, ob sie mit dem vertretenen Standpunkt tatsächlich übereinstimmen.«

Ist Seelenverwandtschaft also nur ein weiterer raffinierter Trick der Natur, damit wir uns länger als für den Moment der Paarung binden? Nein. Seelenverwandtschaft stellt eine echte Spiegelung dar, die die eigene Identität stärkt und einem die Bestätigung gibt, dass man so genau richtig ist. Der Gleichklang der Seelen, ob absichtlich hergestellt oder nicht, ist die Voraussetzung dafür, dass man einander überhaupt erkennt und es ernsthaft miteinander versuchen will. Und die spätere Erkenntnis wiederum, dass man in vieler Hinsicht doch anders tickt, ist die Bedingung für perfekte Ergänzung.

Er sagt: Was ist das eigentlich: Seelenverwandtschaft? Ich glaube, das, was Romantiker »Seelenverwandtschaft« nennen, entspricht ziemlich genau dem technischen Ausdruck »Kompatibilität«. Da passt einfach zusammen, was zusammengehört. Und was passt zusammen? Schraube und Schraube? Nö. Schraube und Mutter. Es sind Ergänzungen, die sich anziehen. Ich jedenfalls werde mit meiner Frau glücklich alt werden, weil sie genau das zu unserer Beziehung beisteuert, woran es mir mangelt. Und umgekehrt.

Leute, die eine Kopie von sich lieben wollen, sind Narzissten. Und Narzissten sind ganz miese Partner.

Streit? Natürlich gibt es Streit unter Menschen, die sich ergänzen. »Ich bin es leid, wie du dich immer in meine Angelegenheiten reindrängst«, mault die Mutter. »Bei dir muss man sich echt hundertmal im Kreis drehen, bis man irgendwann Halt findet«, meckert die Schraube zurück. Und am Ende passt es dann doch. Weil's eben so sein soll.

Was sind die größten Streitfehler?

Sie sagt: 1. Zu glauben: Wenn er mich wirklich lieben würde, dann verhielte er sich anders. – Menschen können für die Liebe ihr Leben umkrempeln, nicht ihre

Persönlichkeit. Der Partner besitzt noch immer die Stärken und Schwächen, die er vor dem Lieben hatte. Wer sich ausschließlich auf die Gefühle konzentriert, überfordert damit die gesamte Beziehung. Seien Sie anspruchsvoll mit sich, nicht mit Ihrer Liebe.

2. Nur den Ärger zu zeigen. – Die Verletzlichkeit und das Verletztsein gehören unbedingt dazu. Wenn Sie Ihre empfindsamen, weichen Seiten mit ihm teilen, geben Sie Ihrem Partner die Möglichkeit, Sie auch dafür zu lieben und auf Sie zuzugehen.

3. Davon auszugehen, dass der andere genau wissen muss, worum es geht. – Je konkreter und direkter Sie sagen, was Ihnen mit ihm schwerfällt, desto leichter machen Sie es ihm, etwas zu ändern. Wenn er das wirklich kann.

4. Sofort zu widersprechen. – Mit dem Satz »Stimmt doch gar nicht!« fängt die Demontage an. Sie haben Ihre Wahrnehmung, er seine. Beide sind richtig. Hören Sie ihm zu, anstatt bereits gedanklich zu planen, wie Sie seine Argumente kontern werden. Sonst verpassen Sie womöglich den Punkt, an dem er sein Entgegenkommen signalisiert. Ganz wichtig: echtes Interesse am Gesagten zeigen. Ihr Gegenüber öffnet sich aufgrund Ihrer Aufmerksamkeit, und Sie können dadurch wieder etwas Neues über ihn erfahren.

5. »Wir müssen reden« zu sagen. – Da läuft der Mann lieber schnell weg. Besser ist es, den richtigen Zeitpunkt abzupassen. Zum Beispiel, wenn Sie etwas Nettes gekocht haben oder bei einem schönen Glas Wein zusammensitzen. Dann sind Sie beide entspannt und bereit, über die Zahnpastatube oder über die ganz großen Themen zu reden.

6. Nicht richtig zu atmen. – Wer ein paarmal tief ein- und ausatmet, merkt oft, dass nicht nur die Luft,

sondern auch die Lust am Streiten raus ist. Kann in großem Gelächter enden.

7. Zu glauben, dass man gewinnen muss. – Die Beziehung hat immer recht. Für die muss mal der eine, mal der andere nachgeben. Und das gern.

8. Nicht rechtzeitig aufzuhören. – Die meisten Streitereien werden laut Paartherapeuten nach 20 Minuten unergiebig. Dann ist es Zeit für eine Streitpause, in der sich jeder fragt: Was will ich eigentlich? Geht es mir wirklich um die Sache oder möchte ich nur recht behalten? Wie denke ich morgen oder nächste Woche darüber? Regt mich das Thema dann noch auf? Wenn die erste Wut verraucht ist, kann man ja in die zweite Runde gehen. Die wird ruhiger, versprochen.

9. Zu klammern. – Der andere muss abhauen können, wenn er das will. Er geht nicht verloren, falls man über etwas grundsätzlich sehr Anziehendes verfügt: das Vertrauen, dass ein Mensch sich entfernen, aber auch wiederkommen darf.

10. Zu glauben, dass der Sex danach das Problem löst. – Stimmt nicht. Er ist halt nur wahnsinnig geil.

Er sagt: Liebe Jurate! Seit Martin Luther seine fünfundneunzig Thesen an die Kirchentür nagelte, gab es keine so präzise und wahrhaftige Liste universeller Tatsachen mehr wie jetzt die deine.

Liebe Leser! Schneiden Sie sich Jurates zehn Punkte aus und lernen Sie sie auswendig.

Steckt hinter der Streiterei die Angst, sich richtig einzulassen?

Sie sagt: Wenn überhaupt, ist da die Furcht, die ganze Beziehungsrealität anzunehmen: Dass es Stunden geben wird, in denen man schweigend zusammen im Restaurant sitzt und sich das nicht entspannt, sondern entfremdet anfühlt. Viele Tage, wo im Bett nichts läuft und man eigentlich auch nichts mehr zum Laufen bringen mag. Sehr viele Wochen, in denen man nicht weiß, wo die Liebe ist und ob sie jemals wirklich da war. Streit birgt immer die Gefahr der traurigen Erkenntnis: Das passt jetzt doch nicht mit uns. War alles ein Irrtum. Dann ist man so weit miteinander gekommen und muss doch wieder allein von vorne anfangen. Wieder ausgehen, wieder in muffigen Bars herumstehen, wieder die peinlichsten Kuppelversuche von wohlmeinenden Freunden ertragen, wieder die Suchscheinwerfer anknipsen. O Scheiße, nein.

Wer dagegen Angst hat, ob die Beziehung die Streitereien aushält, sollte unbedingt mal darüber reden, warum er so fühlt.

Gesunde Streitereien bedeuten, dass zwei sich einig werden wollen in den kleinen und in den ganz großen Dingen. Sie möchte, dass er auf Geschäftsreisen öfter anruft. Er, dass sie weniger chaotisch ist beim Organisieren ihres Lebens. Sie will Kinder. Er einen Zweisitzer. Zoff ist gewiss nicht der eleganteste Weg, Probleme zu lösen. Doch er ist offenbar der Paukenschlag, den man braucht, um sich in die Lage des anderen hineinzuversetzen und zu begreifen, dass es ihm verdammt ernst ist mit seinem Bedürfnis. Werden die verschiedenen Wünsche als etwas betrachtet, was sich mit einem gesunden Kompromiss regeln lässt, kann die Einigung die Beziehung sogar beflügeln. Auch wenn man dafür ein paar Ego-Teile von sich abschießen muss.

Er sagt: Bei ihr: Nein.

Bei ihm: Vielleicht.

Habe ich schon mal erwähnt, dass Männer Beziehungen fürchten, weil sie Angst haben, wesentliche Teile ihres Ichs darin zu verlieren? Ja, natürlich habe ich das. Es ist mein Mantra in diesem Buch. Und genau darum geht es auch, wenn wir einen Streit vom Zaun brechen: Wir verteidigen unsere Pfründe, wir wollen unser fragiles kleines Macho-Ego stützen. Was glauben Sie, warum es diese niemals enden wollende Sitzpinkler-Diskussion gibt? Weil Männer ihren Rücken schonen und deshalb vermeiden wollen, sich mehr als nötig zu bücken? Nein. Es geht natürlich ums Prinzip.

Wenn wir uns streiten, geht es fast immer ums Prinzip. Um *unser* Prinzip. Um unser heißgeliebtes, die Illusion persönlicher Freiheit aufrechterhaltendes Prinzip. Frauen sind die Nato, wir sind die Schweiz. Wir wollen eine Insel bleiben. Mit guten Kontakten zu unseren Nachbarn, aber in den wichtigsten Fragen autonom.

Tief in unserem Innersten wissen wir, dass Beziehungen so nicht funktionieren. Aber wir geben den Kampf nie auf. So wie der Hund, der jeden Tag aufs Neue am Tisch bettelt, obwohl er noch nie in seinem Leben ein Stück vom Braten bekommen hat.

Wir brauchen das einfach.

Frauen dagegen streiten selten aus Prinzip. Sie streiten über *Dinge*. Über Details. Manchmal streiten sie nicht mal richtig, sie zählen nur laut auf, was sie alles nervt. Sie empfinden das gar nicht als große Sache.

Nur weil wir Möchtegernschweizer in diesem Kritik-Marathon einen potentiellen Generalangriff auf unser hübsches kleines Autonomen-Idyll vermuten, schlagen wir jedoch mit ungewohnter verbaler Härte zurück. Und dann wird ein richtiger Streit daraus.

Für unsere Lebensgefährtin geht's immer noch um die Zahnpastatube, das Stehpinkeln, die Tatsache, dass wir ungefragt eine Playstation 3 aus der gemeinsamen Haushaltskasse bezahlt haben.

Für uns geht's ums Prinzip.

Viva Helvetien!

Was zieht Männer bei Zicken an?

Sie sagt: Wenn ich das wüsste. Vielleicht läuft ja bei einer Zicke wieder das Schwer-zu-kriegen-Programm ab? Wissenschaftler haben herausgefunden, dass das Belohnungssystem des Gehirns Dopamin ausschüttet, wenn wir etwas Begehrenswertes sehen – ein tolles Essen zum Beispiel, ein Luxusauto, einen Menschen, den man unglaublich sexy findet.

Hey, Gernot! Stimmt es, dass bei einer tollen Zicke Unmengen von Dopamin in so einem Männerkopf ausgeschüttet werden? Oder geht's hier wieder ums Widerspenstige-Beute-Machen, hallo, Herr Säbelzahntiger-Jäger und so? Ich weiß, mein Lieber, ich habe irgendwann zu dir gesagt, falls ich noch ein einziges Mal bei einer Erklärung, warum Männer sind, wie sie sind, das Wort »Säbelzahntiger« höre, muss ich mich übergeben. Tut mir leid, aber feinpsychologisch geht's hier nicht.

Er sagt: Tja, liebe Jurate. Tut mir auch leid, aber Frauen können irren: Klar schütten wir Dopamin aus, wenn wir etwas Begehrenswertes sehen. Was wir begehrenswert finden, hat nicht selten etwas mit PS-Zahlen und Körbchengröße, natürlich aber auch mit Charme, Charisma und Charakter zu tun. Zicken allerdings, und da spreche ich (außer für eine Handvoll Masochisten) für alle Männer dieser Welt, sind NICHT begehrenswert. Sie nerven! Denn Zicken sind eben nicht selbstbewusst und charakterstark. Meistens sind sie nicht mal besonders intelligent. Dann wären sie nämlich souverän in ihrer Streittechnik, elegant im Durchsetzen ihres Willens, fähig, manchmal einen Schritt zurückzugehen, um im rechten Moment dann zwei Schritte weiter nach vorn zu kommen. Nein, Zicken sind schlicht und ergreifend selbstsüchtig. Und da wir Männer gern selbst im Mittelpunkt des Interesses, der Bewunderung und des Universums an sich stehen, haben wir an ihnen kein wirkliches Interesse.

Warum Zicken dann trotzdem so oft von Kerlen umschwärmt werden? Dafür kann es verschiedene Gründe geben. Manchmal, siehe oben, sind es einfach Körbchengrößen oder sonstige physische Anreize, die uns temporär ihr Defizit an Liebenswürdigkeit vergessen lassen. Manchmal ist es auch sportlicher Ehrgeiz, getreu dem Motto: Diese quakende Kröte werden wir schon von ihrem Seerosenblatt locken können. Das wäre doch gelacht. Ernsthaftes Interesse ist es aber fast nie.

Ja, Frauen finden Arschlöcher sexy. Das haben wir Jungs zur Kenntnis genommen – und werden es nie begreifen. Der Rückschluss, dass das auch umgekehrt funktioniert, ist allerdings falsch. Völlig falsch! Diven und Zicken entsprechen allerhöchstens dem Beuteschema Quickie-fixierter Über-Chauvinisten. Solche Frauen werden von ihnen freilich schon mit dem festen Vorsatz, sie bei der nächsten Gelegenheit wieder fallenzulassen, angeflirtet. Als echte Partnerin, als Frau an unserer Seite, wollen wir vielleicht einen Menschen, an dem man sich reiben kann. Wir wollen aber ganz sicher keinen Sparringspartner mit übergroßem Ego, der jeden Tag aufs Neue unsere zarten Nerven attackiert. Wo wäre denn da der Reiz?

Warum fragen Frauen schweigende Männer so oft: »Woran denkst du gerade?«

Sie sagt: Julian macht aus seinem Herzen oft eine Mördergrube. Neulich ließ er aber alles rückhaltlos heraus. »Warum stellt ihr Frauen bloß immer wieder diese Fragen, bei denen die Antworten von vornherein feststehen?«, brüllte er mich an. »Ich weiß überhaupt nicht, was du meinst«, brüllte ich zurück. »Ach nee?«, fragte er und guckte spöttisch. »Na, dann pass mal auf. Hier die vier sinnlosesten Frauen-Fragen: ›Liebst du mich noch? Wie sehe ich aus? Findest du mich zu dick? Woran denkst du?‹ – Ein für alle Mal, meine Liebe: Sobald ihr eine dieser Fragen stellt, können wir euch niemals die richtige Antwort geben. Nie, nie, nie, verstehst du?«

Ich hasse es, ihm recht geben zu müssen. Wir kennen die Antwort auf die Woran-denkst-du-Frage so genau wie unser Körpergewicht in Gramm: »An nichts.« Doch warum fragen wir das immer in dem Moment, in dem Männer angeblich an nichts denken? Weil unsere Intuition uns sagt, dass es etwas ist, was uns gar nicht gefällt. Was irgendwie bedrohlich ist für uns. JULIAN, DU MISTKERL, ICH WEISS GENAU, DU DENKST

IM MOMENT, »DIE NEUE KOLLEGIN HAT ABER EINEN TOLLEN BUSEN«. DU BIST SCHLIESSLICH EIN MANN UND KANNST JA ANGEBLICH NICHT ANDERS! Deshalb sagen Männer: »Nichts.« Gibt sonst bloß wieder Streit.

Er sagt: Hier, liebe Frauen, eine Auswahl ehrlicher Antworten, mit denen Sie rechnen müssten, wenn wir Männer nicht jene zauberhaft diskreten Geschöpfe wären, die wir nun mal sind:

»Mann, was sind denn das für kleine Pickelchen da in ihrem Dekolleté? Also, bis sie die in den Griff gekriegt hat, sollte sie vielleicht doch lieber einen Rollkragenpullover tragen.«

»Ich wünschte, sie würde mir jetzt einen blasen. In diesem Moment. Hier auf dem Sofa.«

»Ich mach nachher einfach Pro 7 an und gebe die Fernbedienung nicht aus der Hand! Ich will diesen Van-Damme-Film sehen. Einmal kann sie wirklich auf ›Wer wird Millionär?‹ verzichten!«

»Wenn ich die Schatteneffekte bei ›Gothic III‹ herunterfahre, müsste das Game eigentlich auch auf dem Laptop flüssig laufen.«

»Born to be wihihihiiiild! Lalala …«

»Diese neue Kollegin hat ja echt Riesentitten. Ob die echt sind?«

»Wenn sie gleich mal nicht guckt, hole ich mir den Popel schnell mit dem Finger raus.«

»Normalerweise liebe ich ja ihr Essen. Aber dieser Gemüseauflauf vorhin, der ging gar nicht. Vielleicht sollte ich das blöde Ayurveda-Kochbuch irgendwo verstecken.«

»Wie hieß noch mal der Leadsänger von ›Ultravox‹? Ich komm nicht drauf!«

»Wenn sie mich gleich fragt, woran ich gerade denke, kriege ich einen Schreikrampf!«

Was ist das Gute am Streiten?

Sie sagt: Nach einem kräftigen Krach haben beide die Gewissheit: Das ist etwas Besonderes mit uns. Beim Beziehungszoff geht's ja meist um Gewichtiges, zumindest für einen der Beteiligten, und das will erst einmal von beiden durchgestanden werden. Die Knackpunkte reichen von missliebigen Gewohnheiten (die zerquetschte Zahnpastatube) bis hin zu verschiedenen Vorstellungen beim Umgang miteinander (anrufen, wenn's später wird). Sie bleiben keinem erspart, wirklich keinem. Wenn ein Paar kein Drama daraus macht, vielmehr sich in die Haare zu kriegen als Teil des Deals ansieht, um zusammen sein zu können, ist das Kunststück gelungen – beide haben für zwei Arten, mit dem Leben umzugehen, einen gemeinsamen Nenner gefunden. Das ist ja eigentlich das Schöne an Beziehungsproblemen, dass sie uns dazu bringen, zu wachsen und uns weiterzuentwickeln.

Es kommt abgesehen davon nicht nur darauf an, mit welchen Charaktereigenschaften zwei Menschen aufeinandertreffen, sondern wie sie diese jeweils bewerten und wie sie zusammenklingen. Die eine Frau lacht, wenn der Mann einem Streit seine komische Seite abgewinnt und plötzlich wie ein Affe durch die Wohnung tobt, die andere fühlt sich nicht ernst genommen und flippt noch mehr aus. Das ist eben das Mysterium der Liebe – bei den einen ist tiefere Übereinstimmung da, bei anderen nicht. Hilfreich ist es auf jeden Fall, im Zweifel das Verhalten des anderen als etwas zu sehen, was der Liebe guttut. Wer sich »positive Illusionen« macht und die Schwächen des Partners herunterspielen oder durch Umdenken in Stärken verwandeln kann, ist laut Psychologen grundsätzlich zufriedener mit seiner Partnerschaft. Er kann den Partner mit seiner optimistischen Haltung gar dazu anregen, ihm noch mehr gefallen zu wollen.

Beide sollten auch daran glauben, dass eine Beziehung nicht Schicksal ist, sondern reifen und sich entwickeln kann – gerade und vor allem beim Streiten. »Wer immer nur harmonisiert, weiß nicht, was den anderen stört«, sagt der Psychotherapeut Peter Rutkowski. Und wer das nicht weiß, kann nicht handeln und etwas ändern. Die innere Prüfung, wie viel man zu akzeptieren vermag, beginnt bei der arg strapazierten Zahnpastatube: Kann ich es liebevoll sehen, wenn sie die Tube ausquetscht, während ich sie lieber aufrolle? Oder stört es mich so sehr, dass ich es ihr sagen muss? Der Partner sollte dies dann nicht als Angriff auf seine ganze Persönlichkeit betrachten (klingt lustig, doch es fängt ja immer mit etwas Kleinem wie der Zahnpastatube an), sondern als ein Problem, das der andere nun mal damit hat – woher's auch immer kommt (pedantisches Elternhaus, chaotische erste Liebe etc.). Hier macht der Ton die Musik. Und die Wortwahl. Also schön vorsichtig sein. Die Liebe ist oft alles andere als eine Komfortzone, aber man kann es sich zu zweit ganz nett einrichten in ihr. Zum Beispiel mit zwei Zahnpastatuben. Diese Investition hat sich schon oft gelohnt.

Er sagt: Ich geb's zu: Ich bin ein ganz mieser Streiter. Zumindest, wenn ich mich mit meiner Frau in die Wolle kriege. Ich nehme alles über Gebühr persönlich, schnappe schneller ein als eine Mausefalle und außerdem bin ich – was ein echtes Manko in der Streitkultur darstellt – unglaublich nachtragend.

Habe ich dagegen irgendwelche professionelle Diskrepanzen auszutragen – mit Lektoren, Redakteuren, Produzenten –, dann gelingt es mir eigentlich immer, Dinge auf einer sachlichen Ebene zu halten. Aus einer Meinungsverschiedenheit wird da nie ein Streit. Es bleibt stets eine (wenn auch mitunter lebhafte und energische) Diskussion. Mit der Frau, die ich liebe, geht das aber nicht. Denn da ist jeder Satz ein potentielles Kleinkalibergeschoss.

Als logische Konsequenz daraus streite ich mich einfach so selten wie möglich mit ihr.

Aber das ist nicht besonders klug.

Ein vernünftiger Streit reinigt die Luft. Man sieht sich und viele Dinge hinterher klarer. Um bei Jurates geliebter Zahnpastatube zu bleiben: Es gibt Menschen, die werden nie verstehen können, warum es von irgendeiner Relevanz ist, wie man seine Paste aus der Tube holt. Wie man überhaupt auch nur einen noch so flüchtigen Gedanken auf die unterschiedlichen Vorgänge des Pressens, Rollens und Quetschens verschwenden kann. Und dann gibt es Menschen, deren Blutdruck ernsthaft steigt, wenn sie mit ansehen müssen, wie ihre aufs Rollen geeichte Tube von einem gedankenlosen Quetscher misshandelt wird.

Diese Tuben-Pedanten müssen ihren Unmut einfach laut äußern. Sonst schlummert das Problem in ihnen stetig weiter, beginnt irgendwann hochzukochen, und plötzlich, nach einer viel zu langen Zeit des Schweigens und Duldens, explodiert der Ärger. Das ist der Moment, in dem ein Partner seinem Schatzi plötzlich wie ein Wahnsinniger eine schier unendliche Abfolge von Vorwürfen an den Kopf wirft, wie ein Schnellkochtopf, dessen Frust-Überdruckventil den Geist aufgibt.

Der arme Beziehungskontrahent, auf den all das nun niederprasselt, weiß zumeist gar nicht, wie ihm geschieht. Ein Wort gibt das andere, und darunter ist auch so manches, das man nachträglich am liebsten ungesagt machen würde. Doch das geht ja nicht. Man verletzt sich. Ein Problemchen, das in einem frühen Stadium flott und unkompliziert zu lösen gewesen wäre, hat sich zu einem gigantischen Problem entwickelt.

Streit ist gut. Doch der Ton macht die Musik.

Selbst harmonieduselige Konfliktvermeider wie ich dürfen einer Beziehungskonfrontation deshalb nicht permanent aus dem Wege gehen. Und, liebe Männer: Frauen empfinden so einen Streit mitunter sogar unterbewusst als Liebesbeweis! Es ist schließlich ein Symptom dafür, dass wir an der Beziehung teilhaben, über sie nachdenken, uns an ihr reiben. Wir zeigen, dass wir die Umstände unserer Zweisamkeit verbessern wollen. Wir sind involviert. Und das ist gut.

Übrigens, nur so am Rande: Im Drogeriemarkt Ihres Vertrauens gibt es diese modernen Zahnpastabehälter, die die Paste mit einem Knopfdruck nach außen pressen, ohne dass man die eigentliche Tube in welcher Form auch immer malträtieren muss.

Wann merke ich durch das Streiten, dass ich es besser gleich lassen sollte?

Sie sagt: Lustig, wenn Experten ruinierten Paaren raten, ungünstige Muster einfach zu durchbrechen. Super. Ja, wie denn? Soll man die Beleidigungen etwa weglachen, haha, du und dein abartiger Schuhtick, hehe, ja und du und deine bekloppten Freunde, höhö? Oder wie wäre es damit: Man stellt sich gleichzeitig auf zwei Stühle und guckt, ob die Sache von oben immer noch so schlimm aussieht. Manchmal fallen beide sofort wieder herunter, weil sie auf dem Fußboden nur noch einen Scherbenhaufen sehen. Dann fragen sie sich: Wo ist bloß unsere Liebe geblieben? Viele haben geglaubt, ihre Liebe würde alles aushalten. Jeden Sturm, jede Dürreperiode, selbst ein Einbrechen auf dünnem Eis. Aber manchmal ist die Kränkung schlicht zu groß. Dann kann man es nur noch lassen, weil jedes weitere Sicheinlassen unmöglich geworden ist.

Was genau passiert, wenn bei jedem Streit ein Stück der Liebe vom Herzen abbricht? Der amerikanische Psychologe John Gottmann konnte durch langjährige Versuche mit Paaren klassische negative Verhaltensweisen ausmachen, die in jeder Beziehung wie Gift wirken. Gottmanns Beobachtungen der Teilnehmer beim Streiten führten dazu, dass er mit neunzigprozentiger Sicherheit nach fünf Minuten voraussagen konnte, ob ein Paar sich innerhalb der nächsten drei Jahre trennen würde. Und nicht nur das, auch bei alltäglichen Gesprächen ließ sich ausmachen, ob Zuwendung, Freude oder Interesse vorhanden waren oder bereits »die vier apokalyptischen Reiter« durch die Beziehung galoppierten. Diese sind laut Gottmann die »Untergangsboten« jeder Liebe: Der erste apokalyptische Reiter ist die Kritik, die nicht wie eine neutrale Beschwerde formuliert wird und sich konkret auf eine Sache bezieht, sondern die ganze Person an den Pranger stellt. Der zweite Reiter ist die Verachtung. Dieses Gefühl ist am gefährlichsten, weil es mit bösem Spott und Zynismus zum Ausdruck gebracht wird. Der dritte Bote ist die Rechtfertigung. Hier wehrt man das Anliegen des anderen nur noch ab, verteidigt sich hilflos, anstatt den Partner verstehen und auf ihn eingehen zu wollen. Wiederholen sich diese Verhaltensweisen wieder und wieder, kommt der vierte Reiter angeritten: Rückzug.

Bereits ein apokalyptischer Reiter wirft eine Bindung aus dem Gleichgewicht, falls man ihn nicht schleunigst wieder fortjagt. Wie? Laut »Stopp!« sagen und sofort damit anfangen, ehrlich darüber zu sprechen, wie man sich in der Situation fühlt. Wenn jedoch alle vier Reiter kommen und nicht mehr gehen wollen, ist nicht einmal mehr dafür die Kraft da.

Er sagt: Lisa: »Du hast schon wieder deine ganzen Klamotten im Bad auf dem Boden liegen lassen! Kannst du nicht einmal was wegräumen?! Du bist so was von gedankenlos. Immer lässt du dir alles hinterherräumen. Ich bin nur noch dein Haussklave. Selbst beim Sex muss ich alles machen. Du kümmerst dich überhaupt nicht darum, ob ich auch etwas davon habe. Immer musst du …«

Jan: »Oh, Mensch! Immer dieselbe Leier! Jammer, jammer, jammer! Hast du deine Tage, oder was? Kannst du nicht einmal das Maul halten?!«

Was meinen Sie: Sollten sich Lisa und Jan trennen?

Ja, finde ich auch.

Ein Vorwurfs-Marathon ist ein ebenso schlechtes Zeichen wie die komplette Weigerung des anderen, auch nur einen einzigen der Kritikpunkte als womöglich gerechtfertigt in Erwägung zu ziehen. Die Kritik des anderen als hormonelle Instabilität herabzuwürdigen ist ebenso wie der Gebrauch von Kraftausdrücken zudem ein Zeichen von mangelndem Respekt. Und ohne Respekt geht in der Liebe – wie überhaupt in jeder Form von Beziehung – gar nichts.

Fakt ist: Die Partnerschaft von Jan und Lisa ist im Eimer.

Wenn man spürt, dass der Streit zu einem aggressiven Ritual geworden ist, wenn es einem der beiden längst egal geworden ist, dass der andere (worunter auch immer) leidet, wenn sich nichts bewegt und der Tonfall immer rüder, härter, rücksichtsloser wird – dann ist es allerhöchste Zeit, die Sachen zu packen.

Das Leben ist zu kurz für Sisyphosspiele.

Wie wird die Versöhnung besonders schön?

Sie sagt: Das kann man so machen: Man kann nach einem Streit wilden Sex miteinander haben und glauben, dass man jetzt wieder lieb genug zueinander war. Man kann das jedes Mal so machen, ob man sich nun einmal in zehn Tagen streitet oder zehnmal an einem Tag. Nur weiß ich ehrlich nicht, ob das beide auch in der Seele und im Herzen versöhnt.

Besser ist es, die Freundlichkeiten von vornherein ein wenig breiter zu streuen. Der bereits erwähnte amerikanische Psychologe John Gottmann hat bei seinen Forschungen erkannt, dass glückliche Paare ständig liebevolle Botschaften austauschen, selbst beim Streiten.

Gottmann erfand daraufhin die Fünf-zu-eins-Regel: Jede kritische Bemerkung muss man mit fünf netten Erlebnissen ausgleichen, um die positive Grundstimmung aufrechtzuerhalten und dem Partner zu zeigen, dass man ihn trotzdem achtet und schätzt. Laut Gottmann wird erst nach der fünffachen Wiedergutmachung der Schmerz über die Kritik überwunden. Wer zum Beispiel die Sauerei in der Wohnung des anderen bemängelt, kann dies mit vielen Küssen und Komplimenten wiedergutmachen. Damit weiß der andere, dass die Marotte nervt, er jedoch in seiner Persönlichkeit nicht komplett in Frage gestellt wird. An vieles andere hat man sich ja gern gewöhnt.

Er sagt: Ich hatte einmal eine Wohnung, die zu einem Hinterhof hinausging. Da lernt man etwas über seine Mitmenschen. Die interessantesten Nachbarn waren ein Paar, das – solange ich dort wohnte – einem steten Ritual folgte: Alle zwei, drei Wochen, immer nachts, fing die Frau an zu kreischen. Es waren mehr oder weniger immer dieselben Worte, die ihr unter Hochdruck entwichen: »Für wie blöd hältst du mich eigentlich?«, »Warum lügst du mich an?«, »Das kannst du mir nicht erzählen!«, »Ich weiß doch, was los ist!« Was der Mann antwortete, konnte ich nie verstehen. Er war ein Grummler. Man hörte stets nur ein halblautes Brummen. Er klang wie ein verwundeter Elefant.

Eine Nacht später – und das war ein ebenso fester Bestandteil ihres Rituals – hatten die beiden dann immer Versöhnungs-Sex. Wieder hörte man von ihm nur Bariton-Töne, Grunzen und Stöhnen. Sie dagegen keuchte und schrie in offenbar aufrichtiger Erregung.

Irgendwann bin ich weggezogen. Vielleicht lügt er sie immer noch jeden dritten Dienstag an und verhilft ihr mittwochs dann zu multiplen Orgasmen. Vielleicht brauchen die beiden das so.

Versöhnung muss sein. Wie sie aussehen soll, muss jeder selbst entscheiden. Ich persönlich finde jene Versöhnungen am schönsten, bei denen ich spüre, dass das, was ich im vorhergehenden Streit bemängelt habe, von meiner Frau wahrgenommen wurde. Dass sie das, was mich stört, zumindest teilweise zu ändern bereit ist. Im Gegenzug bin ich selbst natürlich auch zu einer adäquaten Geste bereit. Für mich sollten Versöhnungen etwas Individuelles sein. Kein leeres Ritual. Etwas, was Bezug auf den Grund unseres Streits nimmt.

Falls Ihnen aber einfach Sex reicht: auch gut. Wenn Sie zum Hinterhof raus wohnen, wäre es allerdings nett, wenn Sie im Interesse Ihrer Nachbarn vorher das Fenster zumachten.

IST ES SEHR ERNST?

Woran merke ich, dass es die große Liebe ist?

Sie sagt: Wie groß muss ein Gefühl sein, damit man es die große Liebe nennen kann? Ich habe keine Ahnung, denn jeder Mensch, mit dem ich bisher über sein Leben und seine Lieben gesprochen habe, hat mir über jede etwas anderes erzählt. Und jede meiner Lieben hat sich anders angefühlt. Die einen glauben, es ist die große Liebe, wenn sie überwältigend ist und rasend leidenschaftlich, die anderen, wenn sie sich langsam einstellt und stetig vor sich hin glimmt. Ich glaube, jede Liebe ist etwas Großes. Wenn man es so sehen kann, verschließt man sich nicht vor dem, was gerade möglich ist oder was noch kommen kann im Leben.

Eine große Liebe endet nicht, sie ändert sich nur immer wieder, sagen die Alten. Sie ändert sich, wenn die Kinder kommen und die Geldsorgen, die Eifersucht und die Ermüdung, die Krisen und die Krankheiten. Alles hat man gemeinsam getragen und manchmal nur ertragen. Die Antwort, ob es Liebe ist, gibt es nicht am Anfang, sondern später. Sehr viel später, erzählen die, die schon lange lieben.

Dann gibt es diejenigen, die erst hinterher wissen, dass es die große Liebe war. Später, nachdem die Liebe gescheitert ist oder unerfüllt bleibt. Vielleicht stilisieren sie sie zur großen Liebe, weil das, was danach kam, nicht besser war, sondern schlechter. Vielleicht haben sie auch nur zu früh aufgegeben, bevor aus der Verliebtheit mehr werden konnte. Das ist für viele leichter, als die Idee vom idealen Partner gegen einen normalen Menschen aus Fleisch und Blut einzutauschen. Dann verliebt man sich zwar oft, aber wahrscheinlich jedes Mal in jemanden, mit dem es garantiert nichts werden kann. »Optimierer« nennt der Trendforscher Matthias Horx Menschen, die nicht lockerlassen können bei der Suche nach dem noch perfekteren Lebensgefährten. Alles muss stimmen, bevor sie bereit sind, sich mit Haut und Haaren einzulassen. Doch Optimierer werden selten mit Glücklichsein belohnt: »Sie probieren und probieren, und kaum sind sie mit einem Partner zusammen, quält sie der Zweifel, ob da draußen vor der Tür nicht der eigentliche Märchenprinz wartet«, schreibt Horx in »Wie wir leben werden«. Dagegen wägen die »Anspruchsmoderatoren« ihre Erwartungen pragmatisch ab und sind mit einem Partner zufrieden, der Fehler hat. Sie vertrauen darauf, dass Lernprozesse und beidseitige Kompromissbereitschaft alles regeln werden.

Es scheint, als ob sich Pragmatiker mit großen Lieben leichter tun. Sie akzeptieren, dass die Liebe in manchen Zeiten Knochenarbeit ist und dass man einen Menschen im Kern nicht ändern kann. Perfektion ist ihnen gleichgültig, sie wollen die Einzigartigkeit des anderen lieben lernen. Dazu muss man sich auch in Situationen begeben, vor denen jeder Angst hat. Weil der andere nicht mögen könnte, was er dann sieht: Schwäche, Verletzlichkeit, festsitzende Muster. Wenn alles gutgeht, entsteht dabei echte seelische Intimität. Wenn nicht – ach, daran darf man jetzt gar nicht denken. Denn mal ehrlich, ist es nicht besser, an einem großen Wagnis zu scheitern, als das ganze Leben in kleinmütiger Sicherheit zu verharren? Sich zu entscheiden, die Liebe mit allen

Konsequenzen zu tragen, das ist das wirklich Große. Mit Glück erfährt man dann, was die große Liebe ausmacht: Es fehlt einem an nichts beim anderen.

Er sagt: Neulich war ich in Toronto und hatte mich trotz meiner nicht gerade geringen Höhenangst zu einem Abendessen auf dem CN-Tower überreden lassen. Der CN-Tower – falls Sie es nicht wissen sollten – ist das höchste frei stehende Bauwerk der Welt. 533,33 Meter hoch. Das ist verdammt hoch.

Da saß ich also im CN-Aussichtsrestaurant, in einer Höhe, die meiner bescheidenen, ängstlichen Ansicht nach eigentlich nur Flugzeugen und dem lieben Gott vorbehalten sein sollte. Nach fünf Gewöhnungsminuten, in denen ich mit beträchtlichem Schwindel zu kämpfen hatte, entspannte ich mich und traute mich ziemlich dicht an die Panoramascheibe heran. Ich schaute hinaus, genau genommen hinunter. Unter mir schwirrte ein Sportflugzeug entlang. Ganz hinten waren die Niagarafälle zu erahnen. Es war ein unglaubliches Panorama!

Warum ich Ihnen das alles erzähle? Weil die Pointe dieser Geschichte darin besteht, was ich in diesem Moment dachte. Ich dachte nämlich nicht: »Wow, geile Aussicht.« Ich dachte: »Schade, dass meine Süße nicht mit mir hier ist.« Ich wollte diesen unglaublichen Blick, diesen Triumph über meine Höhenangst, diese ganz besondere Minute nicht ohne die Frau, die ich liebe, genießen. Es fehlte einfach etwas. Dieser Augenblick war nicht komplett. Ohne sie ist für mich eigentlich nichts komplett.

Ist das die große Liebe? Ich schätze schon.

Sie mögen das anders sehen, und das ist Ihr gutes Recht. So unterschiedlich die Menschen sind, so sehr variieren eben auch ihre Interpretationen von Liebe.

Man kann die große Liebe sicher auch als Momentaufnahme definieren. Als etwas, was für einen begrenzten Zeitraum unfassbaren Eindruck hinterlässt, was die Seele und die Hormone in dieser Zeitspanne in nie geahnter Stärke in Aufruhr bringt. Als etwas, was dann aber irgendwann auch wieder abebben kann, was ausläuft, verpufft. Vielleicht gibt es mehrere große Lieben pro Leben, wer weiß? Mag sein, dass der Mensch rein genetisch nicht monogam und nicht für eine zweisame Ewigkeit ausgerichtet ist.

Ich ganz persönlich bin jedoch auf romantische Konstruktionen à la »Dr. Schiwago« geeicht. Ich will mit der Frau, die ich als meine große Liebe betrachte, durch dick und dünn gehen. Ich will mit ihr und für sie kämpfen. Ich will manchmal total angepisst und genervt von ihr sein, an ihr zweifeln und dann doch immer wieder begreifen, dass sie eben zu mir gehört. Dass sie mich vervollständigt. So wie sie ist. Dass sie sich nicht ändern soll, weil man eben nur etwas aufrichtig lieben kann, was echt ist und nicht verbogen oder mühsam maßgeschneidert. Und: Ich will mit meiner großen Liebe alt werden. Das ist für mich die Quintessenz. Wenn ich mir nicht vorstellen könnte, dass ich irgendwann mit ihr verhutzelt und verknittert auf dem Sofa hocke und glücklich sabbernd ihre mit Altersflecken übersäte Hand halte, dann wäre es nur eine Zwischengrößen-Liebe.

Nach dieser, nach meiner Definition der »Großen Liebe« erkennt man diese erst nach einer gewissen Zeit. Womöglich erst nach Jahren. Es verbietet sich deshalb also, gleich am Anfang, nach wenigen Wochen oder

Monaten schon zu fragen, ob man sie gefunden hat. Sie keimt ja noch. Wenn überhaupt.

Versuchen Sie's zu Beginn einer Beziehung mit Geduld und Gelassenheit. Genießen Sie einfach, was da womöglich beginnt.

Ändert sich jetzt mein ganzes Leben?

Sie sagt: So sollte sich das Leben nicht ändern, wenn man den Richtigen gefunden hat: Knall auf Fall die Wohnung kündigen und den Job, für Nachbarn und Kollegen Abschiedsfeste geben, alles auf eine Karte setzen. Nein, besser nicht. Ein gemeinsames Leben beginnt mit kleinen Schritten, mit vielen Kompromissen und Absicherungen. Es formt sich allmählich ein »Wir« heraus – und ein immer mutigeres, freieres »Ich«. Wenn man den Richtigen liebt, verliert man sich nicht in dieser Liebe, sondern findet noch besser zu sich selbst: »Orientierungslosigkeit und Einsamkeitsgefühle, Depressionen und Ängste verschwinden«, schreibt Ursula Nuber in »Was Paare wissen müssen«. »Der geliebte Partner gibt Kraft, Hoffnung, Mut. Durch die Liebe zum anderen fühlt man sich befreit von den eigenen Begrenzungen.« Die Beziehung wird zur Basis, von der aus man sein eigenes Leben gestalten kann – Karriere machen oder damit aufhören, mit dem Malen anfangen oder die alte Lust am Klavierspiel neu aufleben lassen, zwei Kinder bekommen oder fünf, Tag um Tag souveräner mit den eigenen Makeln und Unzulänglichkeiten umgehen. Wenn man sich alles traut, was man sich wünscht, hat man die Partnerschaft gefunden, in der man geliebt wird, wie man ist.

Nicht nur die Beziehung verändert einen Menschen,

sie selbst verändert sich. Mit der Dauer der Bindung treten »Veränderungen auf, denen man sich vermutlich nur schwer entziehen kann«, so Bierhoff und Rohmann in »Was die Liebe stark macht«. Vor allem die Anziehungskraft und das Begehren lassen nach, die Freundschaft nimmt zu. Das ist wahrscheinlich eine der schwierigsten Veränderungen in der Liebe und zugleich eine der wichtigsten, da sie bedeutet, dass man sich wirklich zu Hause fühlt beieinander.

Es wird Veränderungen geben, die im tiefsten Inneren erschüttern, weil sie das Bild vom anderen auf den Kopf stellen. Am besten, jeder gewöhnt sich gleich an den Gedanken: Bis ins Kleinste wird man seinen Partner nie kennen. Ungewiss, wie er sich verhalten wird, wenn das erste Kind kommt, das zweite. Wie er reagiert, wenn einer von beiden seinen Job verliert oder krank wird. Vielleicht gut, vielleicht schlecht. Wirft man dem anderen in Krisenzeiten die Liebe trotzdem nicht vor die Füße, sondern lässt das Unerwartete und Unerprobte zu, kann die Beziehung wachsen. Und man selbst wächst mit, lernt unerschütterliche Geduld, bedingungsloses Vertrauen, tiefe Hingabe an den Partner und an die Liebe selbst.

Glückliche Partner sind kreativ: Sie loten miteinander ihre Möglichkeiten und ihre Grenzen aus. Sie verwirklichen die gemeinsamen Träume und jeder von beiden seine eigenen. Gute Beziehungen haben auf eine Art etwas Unberechenbares.

Er sagt: Am Anfang einer festen Beziehung verändert sich in Ihrem Leben ziemlich genau so viel, wie Sie es zulassen. Nur: Wenn Sie zu wenig Veränderung erlauben, ist die Beziehung vermutlich nicht auf Dauer.

Es ist ein Balanceakt. Ein Geben und Nehmen, ein feines Konstrukt aus vielen Kompromissen. Sie werden Zugeständnisse machen müssen, wenn es halten soll mit Ihrer neuen Liebe. Aber Sie haben auch das Recht, Zugeständnisse von Ihrer Freundin zu erwarten. Sie werden sich einschränken, ohne sich aufzugeben. Und: Sie werden ganz neue Seiten an sich und Ihrem Leben entdecken!

Es sind mehrere Schritte, die Sie absolvieren. Am Anfang ist da einfach »nur« die Tatsache, dass Sie im Hafen der Monogamie geankert haben. Schluss mit dem Herummachen. Die Frau an Ihrer Seite ist jetzt ganz oben auf Ihrer Prioritätenliste. Nicht mehr nur das, was Sie selbst denken, fühlen und erfahren, ist wichtig. Sie nehmen nun auch Anteil an einem zweiten Leben. Einem Leben, das von Tag zu Tag weniger parallel zu dem Ihren verläuft, sondern sich ihm immer mehr annähert, es kreuzt, sich verknotet. An immer mehr Stellen.

Wenn Sie das alles meistern und feststellen, dass Sie sich in dieser neuen Lebenskonstellation wohl fühlen, steht als Nächstes mit großer Wahrscheinlichkeit das Zusammenziehen an. Nun, meine Herren, das ist dann der Schritt, wo sich RICHTIG etwas ändert. Sie wohnen nun in einer weiblich gestalteten Umgebung. Dekoratives Zeugs steht herum, von dem Sie keine Ahnung haben, wozu es gut sein soll. Und warum irgendjemand so einen kitschigen Stuss gut finden kann.

Es riecht anders. Sie müssen mehr putzen als früher oder sich zumindest Vorwürfe anhören, dass Sie nicht oft oder nicht gründlich genug den Lappen schwingen. Sie verlieren die Oberhoheit über den Heizkörper. Aus irgendeinem atavistischen Grund ist die Regelung der Raumtemperatur nämlich grundsätzlich Frauensache. Da gibt's keine Diskussionen. Es sind mehr Kissen auf dem Bett, mehr Gewürze im Küchenschrank, mehr Dinge zu erledigen. Aber wissen Sie was: Das ist es wert. Denn es gibt nichts Schöneres, als zu wissen, dass da jemand ist, wenn man nach Hause kommt.

Ja, Jungs: Die Dinge ändern sich. Schleichend, aber durchaus spürbar. Und das ist okay. Wenn alles gutgeht, werdet ihr von der Liebe und dem neuen Beziehungsarrangement nicht verbogen oder eingeschränkt. Es wird nur jemand in euch geweckt, der irgendwie schon immer da war. Der Kümmerer. Der verlässliche Partner. Ein glücklicher Mann.

Die ganz, ganz, ganz massiven Veränderungen kommen erst bei der eventuellen Stufe 3. Nicht jeder erreicht diesen Punkt, nicht jeder will ihn überhaupt erreichen. Aber für manche ist es der logische nächste Schritt nach monogamer Allianz und dem gemeinsamen Nestbau: Kinder!

Wenn die kommen, dann ist wirklich nichts mehr wie zuvor.

Aber das ist eine andere Geschichte.

Darf ich mich eigentlich noch nach anderen umsehen?

Sie sagt: Sie sind im Leben einer glücklich verliebten Frau nicht wegzudenken: die potentiellen Partner, mit denen vielleicht all das möglich wäre, wovon sie *auch* träumt. Hhm, ja, einer, der ein bisschen aussieht wie Jude Law und sie schon beim Hingucken auf unanständige Gedanken bringt. Oder so ein gestandenes Denzel-

Washington-Kaliber, der seine Herzensdame mit allem Pipapo verwöhnt und auf seinen starken Händen durch die Gegend trägt. Leider können wir diese Typen nicht haben, da wir uns für unseren Liebsten entschieden haben. Es muss ein guter Grund gewesen sein, der uns spätestens dann wieder einfällt, wenn er vor uns steht.

Warum Frauen und Männer diese Blicke zur Seite trotzdem nicht lassen können? »Es ist das ewige Spiel«, sagt mein Freund Julian. »Danach weiß man wieder, wo man hingehört.« Wer zufrieden ist mit seinem Partner, wird die Begegnung nicht weiterverfolgen. Er wird wahrscheinlich ein wenig vor sich hin träumen und kurz frustriert darüber sein, dass er nicht all den tollen Menschen näherkommen kann, die ihm über den Weg laufen. Die Phantasie ist ja auch deshalb so schön, weil man dort nicht kämpfen, nicht bangen und sich nicht bemühen muss. Nur: Wer will es in der Realität schon immer leicht haben?

Ab wann sich das Fremdflirten im ungesunden Bereich bewegt, weiß wohl jeder – nicht erst beim Sex, sondern wenn es als Geheimnis mit sich herumgeschleppt wird. Da sollte man tief in sich reingucken und überlegen: Was fehlt mir in meiner Beziehung? Spannung? Abwechslung? Mehr gemeinsam verbrachte Zeit? Oder ist etwas zu viel? Manchmal entdeckt man dabei ein echtes Bedürfnis. Darüber lässt sich reden. Oder man ändert einfach etwas.

Ab und zu drauflloszuflirten, ohne Ziel, ohne schmerzhafte Sehnsucht, tut der Liebe dagegen gut. Da darf es der Mann sogar mitkriegen und sich denken: »Hey, hab ich eine tolle Freundin! Super, dass sie bei anderen Jungs gut ankommt! Lieben tut sie ja nur mich!« Klar hofiert er seine Liebste dann wieder mehr. Das ist, wenn wir ehrlich sind, der Sinn der Sache. Fremdgucken sorgt dafür, dass der Partner sich des anderen nie zu sicher sein kann, und das lässt ihn konkurrenzfähig bleiben. Jude Law lauert schließlich überall.

Er sagt: Es gibt Männer, die wollen ihre Frauen am liebsten jeden Abend um 21 Uhr zu Hause wissen und sind stinksauer, wenn sie auch nur den Verkäufer im Zeitungskiosk anlächeln.

Es gibt aber auch Männer, die finden es geil, mit ihrer Freundin auf Swingerpartys zu gehen und zuzuschauen, wie sie von zwei schmierigen Typen namens Ronnie und Dieter gleichzeitig in die Mangel genommen wird.

Wenn man sich die enorme Bandbreite anschaut, mit der Menschen auf potentielle sexuelle Einflussnahme von außen reagieren, dann fällt es ehrlich schwer, eine allgemeingültige Aussage darüber zu treffen, wie gut, gesund, akzeptabel oder gar beziehungsfördernd das »Fremdgucken« sei.

Aber es ist auch völlig egal, wie man es beurteilt. Wir tun's sowieso alle.

Zeigen Sie mir einen Mann, der, obgleich er sich in einer festen Beziehung befindet, noch nie beim Anblick einer anderen Frau gedacht hat: »Mann, die würde ich gern mal vögeln.«

Ich gehe stark davon aus, dass derlei Gedankengänge bei Frauen nicht anders sind. Es gibt so manchen Hollywood-Schauspieler, bei dessen Anblick meine Frau regelmäßig diesen entrückt-hormonellen Gesichtsausdruck bekommt. Seltsamerweise sind es prinzipiell toughe, pampige, abgebrühte Machos, die sie derart lüstern anfunkelt. Groß, blond, muskulös, mit strahlend blauen Augen und einem Unterkiefer aus Stahl.

Da frage ich mich schon mal, ob es sehr schrecklich für sie ist, solch einen Zwischengrößen-Weichwolli wie mich an Land gezogen zu haben, dessen Haar- und Augenfarbe so wischiwaschi sind, dass sie sich nicht mal farblich einordnen lassen, und dessen Kinnpartie eher einem Muffin als einem Stahlkonstrukt gleicht.

Andererseits: Der Frauentyp, der mich mitunter zu zehnsekündigen Ferkelvisionen animiert, ist meiner Süßen üblicherweise auch nicht gerade ähnlich.

Wo wäre denn sonst auch der Witz?

Nein, Phantasie beflügelt. Ein bisschen Eifersucht erhält die Spannung. Und selbst wenn man ein Problem mit dem Fremdgucken des Partners hat, muss man einfach darüber hinwegkommen. Die Gedanken sind eben frei.

Warum sind gemeinsame Anschaffungen so schwierig?

Sie sagt: Eine gemeinsame Anschaffung ist eine Investition in ein gemeinsames Leben und genau deshalb so vertrackt. Es geht nicht darum, ob sie bei dem Sofa ihr Faible für vier mal vier Meter große Liegewiesen mit dreiundzwanzig Kuschelkissen durchsetzt oder er seins für minimalistisches Design. Das eigentliche Problem ist die Angst, dass im Wir-Wohnraum nicht genügend Platz für die wolliweichen Ichs bleibt.

An sich ist eine gemeinsame Wohnung ein Grundbedürfnis, damit man sagen kann: Wir gehören zusammen. Ich habe meinen Platz in dieser Welt gefunden. Doch zugleich wird dieser Platz von frisch Zusammengezogenen mit allen Mitteln umkämpft – von geschliffener Diplomatie bis zur feindlichen Übernahme in einem unbeobachteten Moment. Jetzt will jeder zusehen, wie er möglichst höflich seinen Bereich im Bad, im Kleiderschrank, im Bücherregal reserviert und in Wahrheit knallhart sein Terrain absteckt.

Und – das vielleicht viel größere Problem – wohin mit all den schicken Träumen? Tschüs, Zweisitzer und luxuriöse Dachterrassenwohnung, hallo, Familienkutsche und kleines Reihenhaus im Grünen? Irgendwie beschleicht viele Menschen allein bei dem Gedanken ans Zusammenziehen das Gefühl, eine hässliche Eisenkugelkette würde sich für den Rest des Lebens um ihre Fußfessel schließen.

Das Geheimnis ist es, zu verstehen, dass es dem Partner nicht anders ergeht als einem selbst: Auch er wird regelmäßig gegen seinen Drang nach Freiheit, Egoismus und Unverbindlichkeit ankämpfen. Können sich beide jeden Tag aufs Neue dafür entscheiden, aus freien Stücken darauf zu verzichten, verschwindet der Druck. Je mehr man spürt, dass man jederzeit weglaufen könnte, desto weniger will man das. Dann ist die Freude groß, wenn in ehrlicher Harmonie entschieden wird, wo in der Wohnung der beste Platz für das Designersofa mit den dreiundzwanzig Kuschelkissen ist. Das hat ja auch viel mit Selbstverwirklichung zu tun, weil das Sich-einlassen-Können auf den anderen ein sehr beglückendes Gefühl ist. Bestimmt werden beide Jahre später gern an diesen wichtigen Moment denken, als sie mit bedeutungsschweren Gesichtern im Möbelhaus vor dem Sofa standen und keine Ahnung hatten, wie sie die Sache mit der gemeinsamen Anschaffung hinkriegen sollen. Die schönen Erinnerungen sind die größte Gemeinsamkeit, die man hat.

Er sagt: Männer sollten eines wissen: Sie haben keine Chance. Beim Zusammenziehen übernimmt (mit sehr, sehr wenigen Ausnahmen) stets die Frau das Einrichtungs- und Wohngefühl-Regiment. Das ist vermutlich noch ein Überbleibsel aus früheren Zeiten, als weibliche Menschen ganz klar und per definitionem für das Heim-Management zuständig waren.

Deshalb, liebe Jurate, kann ich mir bei der angeblichen weiblichen Angst, man könne bei einer gemeinsamen Anschaffung ein Stück seiner Identität verlieren, ein mildes Lächeln nicht verkneifen. Die Verlierer sind doch regelmäßig wir Jungs. Es gibt genau zwei Dinge, bei denen der Mann im Regelfall genug Kampfgeist zeigt, um sich durchzusetzen: bei Autos und Unterhaltungselektronik. Das sind die beiden Domänen, die ihm wirklich wichtig sind. Da wird er zum Auswahl-Löwen. Ansonsten knickt er stets früher oder später ein.

Schon mal einen Mann gesehen, der endlos über den Typ Matratze diskutiert, auf der man schläft, der mit Klauen und Zähnen für eine Sofagarnitur kämpft oder nach einer viertelstündigen Diskussion über die richtige Schattierung der Wandfarbe nicht einknickt?

Eben.

Uns ist das völlig klar. Wir leben damit. Tief in unserem Inneren wissen wir sogar, dass sich unser Geschmack in Grenzen hält. Frauen wohnen, wir hausen. Zugegebenermaßen mag uns unser früheres, wenig konzipiertes Ausstattungsdurcheinander nachträglich kuscheliger und gemütlicher erscheinen als das Styling-Endergebnis, in dem wir jetzt als Paar-Mensch leben. Schon deshalb, weil wir neuerdings mehr Ordnung halten müssen, damit das visuelle Gesamtergebnis nicht getrübt wird. Aber wir finden es auch schön, dass jemand da ist, der es uns hübsch macht. Der unserem Leben einen konzeptionellen Überbau gibt. Der alle möglichen Dinge perfektioniert (wenn auch manchmal ein wenig zu sehr).

Nur: Maulen beim Möbelkauf, Nölen beim Teppich-Besichtigungsmarathon, Quengeln bei der Auswahl der richtigen Tapete gehört für uns eben dazu. Ganz ehrlich, liebe Frauen: Ihr könnt uns im Möbelhaus eigentlich auch in die Kinderecke zu den Tom-&-Jerry-Kurzfilmen setzen und am Ende eurer Shopping-Tour wieder abholen. Ihr kauft doch sowieso, was ihr wollt.

Darf ich mich endlich im Schlabberlook zeigen?

Sie sagt: Meinen Sie äußerlich schlabberig oder innerlich? Das sind zwei komplett verschiedene Angelegenheiten. Äußerlich schlabberig heißt: Ich ziehe jetzt meine Wohlfühlklamotten an (Jogginghose, Flanellhemd, Socken mit Noppen an der Unterseite), und du musst mich auch darin liebhaben. Dazu sage ich: Hallo! Unbedingt! Sofort! Der Schlabberlook kann gut kombiniert sehr süß wirken und einen Mann noch mehr in die Frau verliebt machen. Der Trick ist, von Anfang an »zu schlabbern«, gleich in der Verliebtheitsphase, dann kennt er Sie nicht anders. Es später zu tun, sieht aus, als würden Sie sich keine Mühe mehr geben für ihn. Das kann ihn unheimlich erschrecken. Der Schlabberlook zeigt ihm noch etwas anderes: dass jemand Ehrliches vor ihm steht. Jemand, der in sich selbst zu Hause ist.

Innerlich schlabberig heißt: heimzukommen und die Sau rauszulassen. Schuld ist wieder der unzulängliche Chef, die miefige U-Bahn, das verspannte Kreuz. Dann soll der Partner es gefälligst verstehen und aushalten können, wenn man auf der Couch herumhängt, sich allein ins Bett verzieht, kein freundliches Wort über sein selbstgekochtes Essen verliert, die Katze anmotzt. Darf man das? Darf man das wirklich? David Wilchfort, Facharzt für psychotherapeutische Medizin, gibt in der Zeitschrift »Emotion« die richtige Antwort: »Es genügt nicht, sich zu fragen, ob man es sich grundsätzlich erlauben darf, sich gehen zu lassen. Die hilfreichere Frage ist: ›Was muss man tun, damit man sich das Sichgehenlassen erlauben darf?‹« Man kann, so Wilchfort weiter, seinem Partner gegenüber nachlässig sein, wenn man es sonst nicht ist. Wenn er oft genug gespürt hat, dass Sie ihn lieben, schätzen und achtsam behandeln, wird er leichter darüber hinwegkommen, dass Sie es an manchen Tagen nicht tun, sondern erst mit sich allein die Mühsal des Tages abarbeiten müssen.

In einer Freundschaft ist das nicht anders. Meine beste Freundin Barbara und ich wechseln uns beim Sich-um-den-eigenen-Nabel-Drehen ab, präzise wie ein Schweizer Uhrwerk. Mein Stress ist nie ihr Stress, ihrer nie meiner. Ist sie an der Reihe, lasse ich sie in Ruhe mit meinen Bedürfnissen oder höre ihr zu, wenn sie das möchte. Bin ich dran, tut sie es. Mit der richtigen Freundin wie mit dem richtigen Mann sollte das möglich sein. Es ist unrealistisch zu glauben, dass der Partner immer alles können muss – einen super Job machen und seine Freundschaften pflegen, ständig mit offenen Ohren durch die Beziehung latschen, ein perfekter Vater und ein dauerscharfer Liebhaber sein. Klar ist: Das Sichgehenlassen muss die Ausnahme bleiben.

Er sagt: Er: »Warum schminkst du dich denn? Wir gehen heute doch gar nicht mehr weg.«

Sie: »Ich schminke mich nicht. Ich frische nur mein Make-up auf.«

Er: »Wieso?«

Sie: »Für dich.«

Er: »Brauchste nicht, danke.«

Sie: »Du bist so ein unsensibles Arschloch!«

Das ist ein Dialog, den ich wörtlich so mit einer früheren Freundin hatte. Ich dachte, es wäre ein Kompliment, ihr mitzuteilen, dass sie für mich auch ohne jede Überkleisterung schön sei. Tatsächlich sah sie am besten aus, wenn sie morgens mit verstrubbelten Haaren, ungeschminkt und mit nichts als einem ärmellosen T-Shirt und einem Slip bekleidet aus dem Bett krabbelte. Sie allerdings legte meine Bemerkung irgendwie anders aus. Anscheinend als Beleidigung. Ich habe das bis heute nicht kapiert.

Doch, ja, liebe Frauen: Wenn wir abends mit euch ausgehen, geben wir gern mit euch an. Dann dürft ihr euch nicht nur stylen, dann bitten wir darum. Aber einfach so im Alltag? Wenn wir unter uns sind?

Schminken, frisieren, stylen – das ist ein bisschen wie verkleiden. Als ob ihr etwas zu verstecken habt. Ihr zeigt uns nur eine manipulierte Version von euch. Als ob ihr euch nicht traut, uns eure eventuellen kleinen Mängel zu offenbaren. Das dürft ihr aber. Das sollt ihr sogar. Denn es zeigt, dass ihr uns vertraut, dass wir eine echte Einheit geworden sind und uns nicht mehr im Stadium des Einander-Eroberns befinden. Wenn ihr euch uns im Schlabberlook zeigt, dann sind wir dort angekommen, wo wir hinwollten.

Und keine Angst: Wie sexy wir euch finden, hat ziemlich wenig mit euren Klamotten, eurer Frisur und der

An- oder Abwesenheit von Eyeliner zu tun. Da gibt's wirklich ganz andere Faktoren.

Was tun, wenn nur einer von beiden heiraten will?

Sie sagt: Manchmal stelle ich mir vor, was meine Schulkameraden sagen würden, wenn sie mich heute sehen könnten. Ich habe einen tollen Job, liefere nur ab, was mir gefällt, und weiß genau, wo meine Fähigkeiten und meine Grenzen liegen. Beim Abitur habe ich ehrlich nicht gedacht, dass ich so weit kommen würde. Und sonst? Ich bin sechsunddreißig, habe ein paar klasse Freunde, lebe in einer anständigen Zwei-Zimmer-Wohnung – ohne Mann, ohne Kind, nicht einmal eine Katze habe ich. Ist ja alles nicht so schlimm, kann ja alles noch kommen. Aber heiraten werde ich wohl eher nicht, da die Ehe keine Rolle spielt für mein Liebesglück. Trotzdem kann ich mich gegen den Druck von außen wie von innen kaum wehren. Die verwunderten Blicke der anderen bemerke ich genauso wie meine sehnsüchtigen Augen, wenn ich in den Spiegel schaue und mich frage: Verdammt, bin ich ein Commitment-Verweigerer?

Nein. Die Ehe hat für mich nichts mit tiefer Geborgenheit, echter seelischer Intimität und dem Aufbau eines gemeinsamen Lebens zu tun. Das uneingeschränkte Ja kommt für mich aus der Seele und braucht keinen rechtsgültigen Beweis. Glauben Sie mir, ich mache es mir nicht leicht. Ich will kämpfen für meine Liebe zu dem Mann, der es wert ist. Aber ich möchte lieber jeden Morgen aufs Neue ja zu ihm sagen oder einmal pro Jahr, am Jahrestag unseres Kennenlernens vielleicht.

Dann werden wir uns gegenseitig fragen, ob wir unser Liebesversprechen um ein weiteres Jahr verlängern wollen, und ich werde hoffen, dass er laut und deutlich »Ja« antwortet. So werde ich es machen. Und falls einer von uns beiden irgendwann nein sagt, möchte ich versuchen, eine Trennung in Liebe hinzubekommen. Wie? Indem ich fest an die schönen Zeiten denke, die wir miteinander hatten. Selbst wenn genau das es so schmerzhaft macht.

Außerdem mag ich mir in der Liebe nie zu sicher sein. Keiner soll aufhören dürfen, sich zu bemühen, um einen lieben Ton, einen respektvollen Umgang, um die Zuneigung des anderen. Und ich habe beobachtet, dass vielen eben das (oft ungewollt und unbewusst) passiert, weil sie einen Trauschein als Sicherheit ansehen, den anderen nie verlieren zu können.

Jetzt weiß ich nicht, ob Ihnen meine persönliche Meinung weitergeholfen hat. Deshalb möchte ich Ihnen gern noch einen Gedanken mitgeben, der für den Fall der Unentschiedenheit gilt. Also, wenn Sie wollen und er nicht oder umgekehrt:

Wer nicht weiß, ob er will, will eigentlich nicht.

Und wer weiß, dass er nicht will, will wirklich nicht.

An der Haltung des Partners sollte man nichts ändern wollen, sondern mit sich selbst klären, ob man es auf Dauer aushält, etwas nicht auszuleben, was man sich zutiefst wünscht. Ich persönlich glaube das nicht. Es ist für jeden Menschen wichtig, am Ende seines Lebens zurückblicken und sich sagen zu können:

Ich habe so gelebt, wie ich es mir vorgestellt habe.

Er sagt: Schwierig.

Die Frage ist: Wie sehr will der eine heiraten? Und wie vehement ist der andere dagegen?

Es gibt logische Gründe zu heiraten. Finanzielle. Juristische. Falls man Kinder will, gibt es sogar sehr gute Gründe, zu heiraten. Zumindest, solange die Gesetzgebung in Deutschland so konservativ und unfair ist wie bisher.

Wenn ein Paar jedoch aus zwei finanziell abgesicherten Individuen besteht, die keine Kinder wollen, gibt es eigentlich nur einen triftigen Grund, zu heiraten: den romantischen Trieb, es zu tun. Verspürt ihn nur einer von beiden, ist das logischerweise problematisch.

Radikale Romantiker meinen Folgendes: Trennt sich jemand von seinem Partner einzig aus dem Grund, dass kein Trauschein in Sicht ist, kann's keine echte Liebe sein. Die ist nämlich größer als ein Stück Papier.

Doch natürlich gibt es auch Menschen, für die Religion, Dogmen und Konventionen eine ausgesprochen große Rolle spielen. Menschen, die sich ohne Hochzeit niemals so fühlen können, als wären sie in der Beziehung wirklich angekommen. Für sie ist eine Ehe das einzig wahre und gültige Paar-Arrangement. Diese Menschen müssen im Falle eines heiratsunwilligen Lebensgefährten tief in sich hineinhorchen und sich fragen, was ihnen wichtiger ist: die Form der Beziehung oder der Partner an sich?

Und wenn nur einer von beiden Kinder will?

Sie sagt: Viele nehmen die Kinder, wie sie kommen. Sie halten sie für etwas ganz Normales im Leben. Diese Einstellung bewundere ich. Ich habe Ehrfurcht vor der Entscheidung, ein Kind in die Welt zu setzen, weil sie zwei Menschen für immer miteinander verbindet. Gernot, wie war das bei dir und deiner Frau? Ganz natürlich? Hallo, wir sind jetzt schwanger und so? Toll. (Achtung, Schleichwerbung! So heißt ein weiteres phantastisches Buch von Gernot!)

Meine persönliche Erfahrung ist, dass ungebundene Männer genau wissen, dass sie irgendwann Kinder haben wollen, und dies bei den ersten Dates oft von sich aus entspannt aussprechen. Das erstaunt mich immer erst, dann fühle ich mich entlastet, weil die Lebensvorstellungen geklärt sind (selbst wenn nach weiteren Verabredungen klar ist, dass sich die Frage gar nicht ernsthaft stellt, da die Anziehung nicht einmal für eine gemeinsame Nacht reicht). 77 Prozent der Deutschen würden sich laut einer Studie des Meinungsforschungsinstituts Gewis von ihrem Partner trennen, wenn er zu Nachwuchs nein sagen würde. Fragt sich, warum es erst so weit kommen muss. Ich finde es richtig und wichtig, möglichst früh über die Lebensentwürfe miteinander zu reden. Das lehrt die Erfahrung – und die Forschung: »Es wurde empirisch festgestellt, dass diejenigen, die zu Beginn ihrer Beziehung über die großen Weltfragen diskutieren, eine viel sicherere Basis finden, als wenn sie nur über ihre aktuellen Gefühle reden: ›Ich habe dich jetzt berührt, das war ja wunderbar.‹ Das ist zu wenig«, sagt der Sexualwissenschaftler Kurt Starke in einem Interview mit dem Magazin »Neon«. Sonst steht man doch da mit der traurigen Erkenntnis: Es lief zwar eine Zeitlang gut mit uns, war aber doch nur ein schönes, flüchtiges Abenteuer. Weil die tiefere Übereinstimmung nicht allein durch Emotionen, sondern durch die Lebensentwürfe hergestellt wird.

Kein Mensch wird dauerhaft glücklich in einer Partnerschaft, in der er nicht das bekommt, was er sich in seinem Innersten wünscht. Freiheit zum Beispiel, finanzielle Sicherheit, ein experimentierfreudiges Sexualleben oder eben ein Kind. Wer in dieser Situation ist, kann Folgendes machen: Das Thema um sechs Monate oder ein Jahr vertagen und bis dahin die Zweisamkeit unbelastet genießen. Vielleicht verschieben sich bis dahin die Prioritäten, und man stellt fest, dass es wichtiger geworden ist, mit genau diesem Partner das Leben zu verbringen, anstatt Kinder zu haben. Falls nicht, sollte man möglichst bald weitergehen und nach dem Menschen Ausschau halten, der sich dasselbe wünscht.

Andere Frage: Machen Kinder glücklich? »Ob ein Paar glücklich wird, hängt nur von ihm selbst ab«, schreibt Frank Naumann in »Die 10 Geheimnisse ewiger Liebe«. »Kinder verschärfen die Lage, sind aber weder am Glück noch am Unglück ihrer Eltern schuld.« Wer gute Freunde mit Kindern hat, weiß, dass ein Kind weder die Krönung der Liebe noch die Erfüllung aller Träume ist. Es brüllt und bockt, es zerrt und zehrt. An den Eltern und an deren Beziehung. Ein Kind gerät nie so, wie man sich das gewünscht hat. Das ist alles angeblich vergessen, wenn sich diese Ärmchen um einen schlingen und der Kindermund »Ich hab dich lieb« ins müde Elternohr flüstert. Wir werden sehen.

Er sagt: Ich wusste schon als Teenager, dass ich Kinder haben werde. Das war gar keine Frage für mich. Ungewöhnlich für einen Jungen, ich weiß. Das fanden auch meine damaligen Kumpel, die mein arglos kundgetaner Kinderwunsch zu maßlosen Heiterkeitsausbrüchen animierte. Schließlich schien ich für die Rolle des Windelwechslers und treusorgenden Kinderwagenschiebers ganz klar der Falsche zu sein. Ich war damals autonomer Demonstrations-Tourist, Teilzeit-Kiffer und Punk-affiner Kampftrinker. Ich hatte pechschwarz gefärbte Haare, wollte das Schweinesystem stürzen und hegte eine unbändige Bewunderung für Buenaventura Durutti, Anführer der syndikalistischen Anarchisten im spanischen Bürgerkrieg.

Na ja, und dann wurde ich erwachsen.

Ich habe eine Frau gefunden, die ebenso eindeutig wie ich Kinder in ihrem Lebensplan vorsah. Die Revolution war längst vergessen. Aus einer kleinbürgerlichen Zweierkiste wurde im Laufe der Zeit ein geplantes, gewolltes, ersehntes Viererglück.

Was ich damit sagen will: Es gibt Menschen, die Kinder einfach haben müssen. Das ist für sie einfach selbstverständlich. Die Frage, ob sie einmal ein Elternteil werden wollen, stellt sich für sie gar nicht. Sie wurde längst beantwortet. Oft ist es so, dass jene, die ihre Kindheit als glücklich bezeichnen, einen oder mehrere Erdenbürger in die Welt setzen wollen, um denen dann dasselbe Glück zu schenken.

Andere Menschen entdecken erst später den Wunsch nach einem Kind. Unter Umständen muss dazu erst der eine, der wahre Partner kommen, der das entsprechende Hormon plötzlich freischaltet.

Und es gibt eben auch Menschen, die schlicht keine Kinder mögen. Niemals mögen werden. Menschen, die ihre persönliche Freiheit zu sehr schätzen, um sie für eventuellen Nachwuchs auch nur das kleinste bisschen einzuschränken. Das muss man akzeptieren. Ich finde sogar, es sollte mehr Leute geben, die sich und ihrer Umwelt offen eingestehen, dass sie keinerlei Elterninstinkte besitzen. Dann würde es da draußen nicht so viele ungeliebte, verwahrloste, emotional verhungerte Würmchen geben.

Wenn aber ein komplett auf Nachwuchs geeichter Mensch einen Partner hat, der auf gar keinen Fall Kinder will, wird das langfristig nicht gutgehen. Es kann nicht gutgehen. Weil ein nicht verhandelbarer Lebensplan blockiert wird. Das ist emotional inakzeptabel.

Es hat allerdings keinen Sinn, einen unwilligen Partner zur Fortpflanzung überreden zu wollen. Nachwuchs ist kein kleiner Kompromiss. Es ist eine grundsätzliche Entscheidung. Und, liebe Frauen, über die fieseste aller Möglichkeiten solltet ihr nicht einmal nachdenken: Ich kenne eine Frau, die hat die Pille abgesetzt, ohne es ihrem Mann zu erzählen.

Sie wurde schwanger.

Etwas später wurde sie geschieden.

Jetzt jammert sie den lieben langen Tag herum.

Das arme Kind.

Welche Liebesbeweise machen jetzt glücklich?

Sie sagt: Für dieses Thema habe ich in mir nach erwachsenen Antworten geforscht (Nein, nein, nein, Jurate! Nicht nur Blumen, Briefe, Brillanten!), nach mehrmaligem Hineinhören (Will aber!) meine Freundinnen befragt (Wollen auch!), die ehrbarsten Ratgeber herangezogen, um am Ende zu beschließen: Die besten Liebesbeweise sind die, zu denen man sich nicht überwinden muss. So unromantisch ist das.

Der Partner muss die ehrlichen Herzensgeschenke natürlich sehen wollen. Erwartet sie Orchideen und er fährt ihr Auto durch die Waschanlage, kann sich das unerfreulich zuspitzen. Vielleicht sollte man überlegen, wie wichtig es einem ist, dass solche Erwartungen erfüllt werden – oder ob der geliebte Mensch nicht Qualitäten besitzt, die wichtiger sind: seine Verlässlichkeit, dass er sich für ihren Tagesablauf wirklich interessiert, dass der Gesprächsstoff mit ihm nicht ausgeht und so weiter und so fort. Das Besondere an ihm und an Ihrer Bindung ist mehr wert als all die Preisungen, die zu einem richtigen Anfang gehören können, aber nicht unbedingt zu einer richtigen Beziehung.

Ein Tipp von Partnerschaftsprofi Frank Naumann für jeden, der gerade die passenden Liebesbeweise sucht: »Verhalten Sie sich, als sei Ihr Partner schon so, wie Sie ihn sich wünschen.« Tun Sie alles, damit Ihr Partner sein bestes Selbst zeigen kann. Wenn Sie glauben, dass er Ihnen nicht oft genug Küsse schenkt, verhalten Sie sich, als wäre jeder Kuss von ihm der allerschönste. Wenn Sie glauben, dass Ihr Partner nicht genug zuhört, lassen Sie ihn spüren, dass sein Interesse das Allerwichtigste für Sie ist. Wenn Sie glauben, dass er nicht achtsam genug ist, dann seien Sie es. Nichts wirkt auf den Partner anziehender als das Gefühl, für etwas unglaublich Wertvolles und Gutes gehalten zu werden. Seine Liebe wächst, je mehr Sie Ihre an ihn verschenken.

Er sagt: Aufmerksamkeit! Das ist das Schlüsselwort.

Menschen sichern sich Sympathien, wenn sie andere spüren lassen, dass sie aufmerksam sind. Es gibt kaum einen besseren Weg, andere Menschen für sich einzunehmen, als wenn man sich Monate später noch daran erinnert, was jemand gesagt hat, was er getan hat, was ihn vor einiger Zeit beschäftigte, umtrieb, erfreute. Eine gezielte Nachfrage zu einem Thema, das der andere mir gegenüber womöglich ein Jahr zuvor das letzte Mal angesprochen hat, beeindruckt und gefällt.

In der Liebe ist das genauso. Hoch zwei. Es gibt keinen besseren Liebesbeweis, als hellwach zu sein, Anteil zu nehmen, nachzufragen. Und Dinge einfach zu bemerken. Eigentlich sollte das eine Selbstverständlichkeit sein. Die Fähigkeit, kleine zwischenmenschliche Dinge wahrzunehmen, geht in unserer hektischen, an äußeren Einflüssen überquellenden Zeit aber leider immer mehr Leuten verloren.

Es ist ja ein altes Spielchen, dass Frauen ihren Partnern mitunter ganz spontan die Augen zuhalten und fragen: »Welche Augenfarbe habe ich?« Die Antwort darauf nicht zu kennen wäre ausgesprochen peinlich. Und womöglich sogar verletzend.

Wenn er ihr im Oktober Rosen schenkt, obwohl sie bestimmt schon dreimal beiläufig erzählt hat, wie sehr sie einen bunten Herbststrauß liebt, wenn er ihr als romantisches Dinner Filetspitzen in Cognacsoße zubereitet, sie aber erst kürzlich erwähnt hat, dass sie aus idealistischen Gründen ihren Fleischkonsum stark einschränken will, wenn er ihr ein süßlich-fruchtiges Parfum schenkt, obwohl er längst erschnuppert haben sollte, dass sie prinzipiell herbere Düfte bevorzugt, dann sind das Liebesbeweis-Flops. Ebenso wie die meisten rein praktischen Präsente. Männer mögen es erstaunlich finden, aber ein digitaler DVD-Recorder oder ein neues Navigationssystem (selbst inklusive österreichischer Landstraßen) begeistert die meisten Frauen eher weniger. Haushalts- und Küchengeräte aller Art sind sogar ein klarer Schlag ins Gesicht.

Klar: Brillis, Sportwagen und eine vierzehntägige Reise ins Fünf-Sterne-Hotel in Dubai machen sich gut.

Aber ein Überraschungswochenende inklusive Reit-Auffrischungskurs auf dem kleinen Gestüt vor den Toren der Stadt kommt besser an. Schließlich hat sie neulich ganz am Rande erwähnt, dass sie nach jahrelanger Pferde-Abstinenz irgendwie gern mal wieder in einen Sattel steigen würde.

Was Männer in festen Beziehungen zu verlieren fürchten

Sie sagt: Männer, die noch nicht in einer ernsthaften Beziehung sind, sagen Sätze wie:

Ich hoffe, dass mit der Richtigen alles möglich ist, dass ich nichts ausschließe. Mit ihr Kinder zu wollen, mit achtzig am See Enten füttern zu gehen und weiß Gott wie viele Urenkel zu haben.

Ich will keine, die ein Problem damit hat, wenn ich mit meinen Freunden zum Fußball gehe. Sie muss sagen können: Schade, ich habe gehofft, wir gehen zusammen an den See. Jetzt gehe ich halt allein und nehme ein Buch mit.

Wirklich wichtig ist mir der Intellekt. Wenn wir nicht den gleichen Humor haben, kann sie einen noch so geilen Busen haben, das nützt dann nichts.

Ich erhoffe mir eine Art Verschmelzung. Unter der Voraussetzung, eine selbständige Persönlichkeit bleiben zu können.

(Zitate aus einer Interview-Männerrunde in der Schweizer Zeitschrift »Annabelle«)

Um was es wirklich geht:

»99 Prozent unseres Handelns haben das Ziel, Anerkennung zu kriegen. Im Job, von den Kumpels und von so vielen Frauen wie möglich«, sagt Julian, mein ehrlicher Freund. »Du musst einen starken Charakter haben, um damit zufrieden zu sein, ab einem bestimmten Zeitpunkt deines Lebens nur noch von einer Frau gelobt zu werden.«

Und um was es wirklich, wirklich geht:

Nicht mehr Sex mit vielen Frauen haben zu können, sondern nur noch mit einer. Selbst wenn er noch so toll ist.

Die Dinge sind doch immer einfacher, als man glaubt.

Er sagt: Ganz ehrlich? Okay, ich gebe Ihnen mal ein paar Beispiele, was uns selbst nach Jahren Beziehungserfahrung trotz größter Anstrengungen immer noch ein wenig zu schaffen macht:

* Fünf Minuten nach dem Sex gefragt zu werden, ob wir eigentlich schon das Geld für die Haftpflichtversicherung überwiesen und die Mülltonne rausgestellt haben.

* Unsere Süße anrufen zu müssen, um ihr Bescheid zu sagen, dass wir mit den Jungs doch noch ein, zwei Kneipen weiterziehen und erst gegen Morgen nach Hause kommen (was die gar nicht toll findet).

* Gleich nach dem Frühstück den Tisch abdecken zu müssen.

* Immer mit derselben Frau Sex zu haben. Selbst wenn er noch so toll ist.

* Am Sonntagvormittag nicht zwei Stunden lang das neue Formel-1-Rennspiel auf der Playstation spielen zu können, weil doch die Sonne so schön scheint und wir deshalb mit unserer Süßen spazierengehen müssen.

* Frustrierende Kompromisse bei der Wahl des TV-Programms.

* Immer mit derselben Frau Sex zu haben. Selbst wenn er noch so toll ist.

* Sätze, die mit »Wir müssen noch …«, »Denk dran, nächste Woche ist wieder …« und »Ich will ja nicht meckern, aber kannst du nächstes Mal …« beginnen.

* Immer mit derselben Frau Sex zu haben. Selbst wenn er noch so toll ist.

* Klamotten nicht einfach auf den Boden fallen lassen zu dürfen.

* Reden zu müssen, wenn es unserer Ansicht nach gerade nix zu sagen gibt.

* Gemeinsames Klamotten-, Möbel- und Accessoire-Shopping.

Und, ganz besonders:

* Immer mit derselben Frau Sex zu haben. Selbst wenn er noch so toll ist.

Aber wir kommen irgendwann schon damit klar. Keine Sorge.

Was Frauen in festen Beziehungen zu gewinnen hoffen

Sie sagt: Niemand hat behauptet, es sei leicht, als Frau in der heutigen Zeit mit all den Möglichkeiten umzugehen: Karriere machen und den richtigen Partner finden, Mutter werden und verführerische Geliebte bleiben, sich intellektuell weiterbilden und eine Freundin zum Pferdestehlen sein. Wir wollen alles und schaffen oft doch »nur« das eine (Karriere), das andere (Familie) oder nichts von alledem. Sind die Männer daran schuld, die uns nicht genug unterstützen? Manchmal unterstützen wir uns selbst nicht genug. An dieser Stelle zitiere ich eine anonyme Frau, die im Spätsommer 2006 auf Aufforderung des *SZ-Magazins* an die Deutschen, sie möchten ihr größtes Geheimnis beichten, ihres auf eine weiße Postkarte schrieb: »Mein Selbstverständnis vom Leben: unabhängig, selbständig, frei zu sein. Mein geheimer Wunsch aber: ein Mann und ein Kind – von ihnen abhängig sein, mich auf ihn verlassen können, mich anlehnen, schwach sein.« Das geht, ganz sicher. Wie? Indem sie ihre Erlösungssehnsüchte nicht auf den Traumpartner richtet, der es ihr erst erlauben muss, stark und schwach sein zu können, sondern indem sie sich selbst erlöst und sich beides traut. Dazu muss sie sich auf einen fehlerhaften, mit Macken versehenen Menschen einlassen. Aber das könnte für eine moderne Frau doch eine Lösung sein.

Er sagt: Frauen wollen einen Mann, der tough und selbstbewusst ist, der ganz genau weiß, was er will, sich nicht unterbuttern lässt – aber immer brav tut, was sie ihm sagt.

Frauen wollen einen Mann, der sie akzeptiert als starke, selbstbewusste Frau, die ihren eigenen Weg geht, sie aber trotzdem ganz doll beschützt, ihr alle schweren Sachen abnimmt und möglichst auch noch gut ernährt.

Frauen wollen einen Mann, der knackig, kernig und ein ganzer Kerl ist und exakt jene paar Prozent Arschloch in sich trägt, die Frauen irgendwie toll finden, ohne dass er dabei zum egomanen Macho mutiert.

Frauen wollen einen Mann, nach dem sich alle anderen Frauen umdrehen, der das aber nicht ausnützt und nie fremdgeht.

Frauen wollen einen romantischen Mann, aber kein Weichei.

Frauen wollen einen Mann, der exakt in den Momenten, in denen ihnen danach ist, rasend und animalisch geil auf sie ist. Aber nur dann. Sonst wäre er ein nerviger Sexmaniac, der sich nur für ihren Körper interessiert.

Frauen wollen ... Na ja, sie wollen einfach zu viel.

Klar, das ist jetzt alles etwas übertrieben, aber so ungefähr kommt's uns Kerlen vor. Ein Mann, der versucht, allen Ansprüchen seiner Partnerin gerecht zu werden, fühlt sich wie ein Grundschüler, der gerade mal notdürftig mit dem Einmaleins klarkommt und plötzlich als Atomphysiker arbeiten soll. Und wisst ihr was, liebe Frauen: Weil das, was ihr alles von uns erwartet, a) komplett widersprüchlich und b) schlicht nicht machbar ist, müsst ihr uns im Endeffekt dann doch einfach so nehmen, wie wir eben sind.

Was tun gegen die Gewohnheitskrise?

Sie sagt: An Manuel konnte ich mich nicht gewöhnen, er verschwand vorher aus meinem Leben. Wir hatten uns in London kennengelernt, in Hamburg das erste Mal geküsst und in München die erste gemeinsame Nacht verbracht. Ich war sechsundzwanzig Jahre alt, er einunddreißig, ich liebte sein Temperament, er meine Lebenslust. Beinahe täglich führten wir sehnsüchtige Telefonate und sahen uns jedes dritte Wochenende in München oder in London, wo er arbeitete. Wir trafen uns auch in anderen Städten, in Amsterdam etwa oder in Mailand, weil wir das aufregend und sexy fanden. Nach fünf Monaten kam ich am Flughafen der Stadt an, in der mein Freund wirklich zu Hause war: Madrid. Manuel war Spanier, sein Aufenthalt in London ein temporärer. Als er mich in seine Wohnung führte, fiel ich von einer Sekunde zur anderen aus den rosaroten Wolken. Fein gefaltete Gardinen hingen an den Fenstern, eine Tischdecke bedeckte den Küchentisch, kleine Plüschtiere und Porzellanfiguren standen im Bücherregal. In seiner Welt hatte man so etwas, in meiner nicht. Diese Dinge hielt ich damals für den Inbegriff der Spießigkeit. (Und ich konnte erst recht nicht verkraften, dass ein Mann den Tinnef auch noch freiwillig in seine Wohnung getragen hatte. Aber es war so, ehrlich.) Meine Enttäuschung vermochte ich kaum zu verbergen, denn Manuel war nicht länger mein weltgewandter cooler Freund, sondern ein Spießer. Ich habe ein paar blöde, abfällige Bemerkungen gemacht – und Manuel sehr, sehr traurig. Doch ich wollte nur das Bild lieben, dass ich mir bis dahin von ihm gemacht hatte: ein junger, aufstrebender Unternehmensberater, der ein internationales Leben führte, sich überall auskannte und alles Mögliche war, bloß nicht konservativ und, ja, ein bisschen bieder.

Was ich damals nicht begriff: Manuel war das Kind seiner Eltern, von ihnen hatte er sich abgeschaut, dass man diese Dinge für ein gemütliches Zuhause braucht. Außerdem entstammte er einer anderen Kultur, wurde mit einer anderen Lebensart groß. Ich war und bin auch das Kind meiner Eltern, aber ich ging mit neunzehn Jahren erst einmal raus in die Welt und wollte alles anders machen als sie. Was ich damals absolut nicht begriff: Dass man mit Geduld und Liebe viele Dinge ändern kann und dass man Geduld mit sich selbst haben muss, weil man sich ja ebenfalls ändert. Heute habe ich zwar keine Gardinen, aber Vorhänge an den Fenstern, weil ich es irgendwann leid war, hinter heruntergelassen Rollläden zu leben. Ich habe keine Tischdecken oder Nippesfiguren, besitze aber zwei Kristallvasen und Hausschuhe, und auf meinem Schreibtisch stehen in Silberrahmen Bilder von den Menschen, die ich liebe. Ich weiß natürlich nicht, wie Sie das sehen, und ich will auch keinem zu nahe treten, aber für mich war all das früher nun mal spießig. Bin ich inzwischen selbst zum Spießer geworden – oder schlicht erwachsen? Damals, mit Manuel, war ich es eindeutig nicht. Es passte nicht in mein unreifes Mädchen-Weltbild, dass ein Typ wie er seine normalen Seiten hatte. Und es passte schon gar nicht in meine romantischen Träumereien, eine normale, alltägliche Beziehung zu haben. Nein, ich wollte etwas Besonderes. Manuel und ich trafen uns noch ein paarmal, doch seit Madrid war er nicht mehr derselbe. Nicht nur, weil ich ihn mit anderen Augen sah – er spürte, dass er bei mir niemals ganz der sein konnte, der er war. Ach, Manuel. Wären wir uns bloß zehn Jahre später begegnet. Wir würden uns heute bestimmt wohl fühlen miteinander.

Ist das nicht komisch? Wir wollen eine feste, sichere Beziehung, um beim anderen sein zu können, wie wir sind, erwarten jedoch von ihm, dass er der spannende, unberechenbare Mensch bleibt, als den wir ihn am Anfang wahrgenommen haben. Bei den meisten Menschen läuft es anders als bei mir und Manuel, wenn sie an den Punkt der Entzauberung gelangen. Sie arrangieren sich mit den Macken und Eigenheiten des anderen, schlucken die blöden Bemerkungen hinunter, sehen über vieles hinweg, machen Kompromisse und leben jahrelang mehr oder weniger einträchtig miteinander nach dem stillen Übereinkommen »Ich ertrage deinen Mist, du erträgst meinen«. Dadurch wird die Beziehung harmonisch und verlässlich, aber auch berechenbar.

Das Problem mit der Gewohnheit ist der trügerische Glaube, man kenne den Partner irgendwann in- und auswendig, und dann behandelt man ihn wie ein liebgewonnenes, aber durchgesessenes Sofa. Dagegen lässt sich Folgendes tun: Neugierig bleiben auf den geliebten Menschen und nie damit aufhören, etwas Neues an ihm entdecken zu wollen. Vielleicht bei einem von Paartherapeuten empfohlenen »Kennenlern-Date«. Einmal die Woche oder im Monat wird in einer entspannten Atmosphäre, zum Beispiel in einem schönen Restaurant, jede Frage gestellt, die einem einfällt oder lange irgendwie auf dem Herzen liegt: Wie stehst du zu den jüngsten Entwicklungen im Nahen Osten? Was hat dich die letzten

Tage besonders gefreut? Wer hat dir eigentlich so gut das Schachspielen beigebracht? Ich saß als Kind ständig in Apfelbäumen herum, und du?

Das Zweitwichtigste, damit eine Beziehung lebendig und spannend bleibt, ist Gernots kluge Empfehlung, vom Trott abzuweichen und zusammen gelegentlich etwas Neues auszuprobieren (neue Urlaubsformen, neue erotische Varianten, neue Rituale etc.). Die amerikanische Therapeutin Esther Perel geht einen Schritt weiter und rät dazu, einander wieder »ein bisschen fremd zu werden«. Also nicht mehr alles vom anderen wissen und sehen wollen. Sich ein bisschen mehr Privatsphäre verschaffen, emotional wie in der Freizeit. Geheimnisse und mehrere Vertraute haben. Das ist natürlich ein Wagnis und schürt Ängste. Denn die Öffnung der Beziehung sowie die Entwicklung des Partners zulassen zu können und zugleich die eigene sicherzustellen, das gehört zu den größten Herausforderungen in einer Langzeitbeziehung. Doch wie heißt es: Lebe lieber ungewöhnlich. Warum sollte das nicht auch fürs Lieben gelten.

Er sagt: Meine Frau liest in einer Illustrierten, dass es einen neuen Film mit Meryl Streep gibt. Sie findet, dass Meryl Streep eine gute Schauspielerin ist. Sie mag Meryl Streep. Vielleicht sollte sie ihn sich ansehen. »Würde mir der Film gefallen?«, fragt sie also mich, den Filmjournalisten, der ihn bereits gesehen hat.

»Nicht besonders«, antworte ich. »Du würdest ihn oberflächlich finden, vorhersehbar, voller Klischees.«

Meine Frau nickt. Sie wird sich diesen Film also nicht anschauen. Sie weiß, dass ich recht habe. Ich kenne sie lange und gut genug, um zu wissen, was ihr gefällt und was nicht. Und sie weiß, dass ich es weiß.

So ist das bei uns, dem Langzeitpaar: Ich spüre, wenn sie mir etwas Unangenehmes sagen will und nicht weiß, wie sie es anstellen soll. Sie sieht mir, zehn Sekunden nachdem ich den Raum betreten habe, an, dass ich einen miesen Tag hatte und nicht mit nervigen Dingen behelligt werden möchte. Obwohl ich mich wirklich um einen neutralen Gesichtsausdruck bemüht habe. Wir könnten im Restaurant mit sehr hoher Trefferquote blind für den anderen bestellen. Manchmal beendet einer von uns einen Satz des anderen.

Ist das gut oder schlecht?

Beides.

Es ist ein unbestreitbar schönes Gefühl von Sicherheit und Geborgenheit, wenn zwei Menschen einander lesen können. Wenn sie einen Instinkt füreinander entwickelt haben. Jeder verliert sich dabei ein wenig im anderen. Das ist nicht nur okay, das ist ein wesentlicher Bestandteil einer intakten Partnerschaft. Vorausgesetzt natürlich, dass es nicht der einzige Aggregatzustand ist, über den ein Paar verfügt.

Es muss immer noch Überraschungen geben. Es muss ein Knistern bleiben, ein Rätselraten, ein gelegentliches Verblüfftwerden. Manchen Leuten fällt so etwas leichter als anderen. Es gibt Leute, die von Natur aus spontan, wankelmütig, experimentierfreudig sind. Finden sich zwei solche Exemplare als Partner, wird es bei ihnen schwerlich eine Krise durch Gewohnheit geben. Da droht eher ein problematischer Mangel an gefühlter Sicherheit.

Das Gros von uns hat aber nun mal seine Routinen, seine Macken, seinen Geschmack. Wer, außer Schizophrenen, wechselt schon alle paar Monate die Struktur seiner Denkprozesse? Wir sind einfach, wie wir sind. Der Trick ist, sich gelegentlich dazu zu überreden, über seinen Schatten zu springen und seinen Partner (und auch sich selbst) mit kleinen bis mittelgroßen Abweichungen vom Trott zu verblüffen. Warum immer in dasselbe Restaurant? Warum immer dieselbe Art von Urlaub? Warum nicht mal den Fernseher auslassen und ... tja ... das »Mensch-ärgere-Dich-nicht«-Spiel rausholen? Zu einer Tango-Party gehen? In einer Galerie zuschauen, wie sich ein Aktionskünstler unter grölendem Rezitieren von Peter-Handke-Gedichten die Fußnägel schneidet?

Man lebt nur einmal – auch wenn man zu zweit ist. Langweilig können wir auch als Rentner noch werden.

Was tun, wenn man merkt, dass man verschiedene Vorstellungen von einer Beziehung hat?

Sie sagt: Unterschiedliche Vorstellungen von einer Beziehung zu haben bedeutet in vielen Fällen, unterschiedliche Vorstellungen vom Zusammensein zu haben – von der Häufigkeit der gemeinsam verbrachten Zeit etwa, von der Art der gemeinsamen Unternehmungen, von der Menge an seelisch-emotionalem Austausch oder körperlicher Nähe. Es geht hier wohlgemerkt nicht um die Kompatibilität der Lebensentwürfe, sondern darum, wie man das Beziehungsleben miteinander gestaltet. Er will jedes Wochenende komplett mit ihr verbringen, sie braucht Zeit für sich. Sie wünscht sich, dass er öfter mit ihr über sein Innenleben spricht, er macht lieber alles mit sich allein aus. Sie braucht viel Zärtlichkeit, er ist nicht so anhänglich ... Dass ein Paar sich mit seinen wechselnden Bedürfnissen immer wieder annähert und entfernt, ist eines der zentralen Beziehungsthemen, ein Leben lang. Sofern der Rückzug nicht dauerhaft ist, einer etwa ganz aufhört, dem anderen Wichtiges anzuvertrauen, besteht kein Grund zur Panik. Das Spiel mit Nähe und Distanz ist dann vielmehr ein Prozess, bei dem beide lernen, aufeinander einzugehen, wo sie es können, und sich abzugrenzen, wo sie es müssen – und dadurch ein differenziertes, erwachsenes Selbst entwickeln. Die Voraussetzung dafür ist, dass man bei jeder Reibung, jedem Streit und jeder Krise die Schuld nicht allein beim Partner (oder bei der Beziehung an sich) sucht, sondern sich selbst hinterfragt: Ist meine Meinung jetzt richtig oder falsch? Ist das, was ich von ihm erwarte, richtig oder falsch? Hat das, was ich gerade tue, mit meinen wahren Wünschen tun? Das ist anstrengend, klar. Aber auch spannend und hilfreich, weil man allmählich lernt, von einer Partnerschaft nicht die Erfüllung all seiner Bedürfnisse zu erwarten, sondern sich ganz und gar auf sie einzulassen, wie sie ist. »Die Entscheidung liegt bei Ihnen«, sagt der amerikanische Sexualtherapeut David Schnarch in einem Interview mit der »Brigitte«. »Sie können Ihre Beziehung beenden, die nächste beginnen und auch hier wieder in der Stagnation landen. Oder, die beste Möglichkeit, Sie beschließen, etwas zu ändern. Fragen Sie sich, wer Sie sind und was Sie wirklich wollen. Überwinden Sie Ihre Angst und sagen Sie es Ihrem Partner. Und vor allem: Halten Sie den Konflikt aus. Und den nächsten und den danach. Jeden. Daran werden Sie wachsen und eine wirkliche Intimität mit Ihrem Partner bekommen.«

Wer seine Partnerschaft wegen Unverständnis und Streit am Ende wähnt, steht laut Schnarch tatsächlich oft erst am Anfang dessen, was viele die große Liebe nennen: »Jetzt können die Begriffe ›Harmonie‹ und ›Einverständnis‹ neu definiert werden.« Weil man sich nun nach der Phase der Verschmelzung, des Kompromissemachens und Sichzurücknehmens zu selbstbestimmten und reifen Persönlichkeiten entwickeln kann. Dann macht man einander nicht länger Vorwürfe wegen der Dinge, die nicht miteinander möglich sind. Man sieht stattdessen, was miteinander möglich ist. Jetzt könnte die Liebesbeziehung beginnen, in der beide herausfinden, wie sie einander wirklich gut tun.

Er sagt: Wenn Sie, liebe Leser, da draußen einen Menschen finden, der exakt und ohne jeden Abstrich dieselben Vorstellungen von einer Beziehung hat wie Sie, sollten Sie einen Gentest vornehmen lassen. Wahrscheinlich hat Sie jemand heimlich geklont.

Natürlich erwartet jeder Mensch von einer Beziehung etwas anderes.

Wir sind Individuen, wir sind unterschiedlich sozialisiert, wir haben verschiedene Träume, Ängste, Erwartungen, Werte. Das ist es, was man Beziehungsarbeit nennt: Zwei unterschiedliche Visionen der Gemeinsamkeit unter einen Hut zu bringen. Nur: Wie unterschiedlich dürfen diese Visionen eigentlich sein, damit sie überhaupt noch miteinander vereinbar sind?

Jurate zitiert den Sexualtherapeuten Schnarch, der schreibt, dass jemand, der seine Partnerschaft wegen Unverständnis und Streit am Ende wähnt, tatsächlich oft erst am Anfang dessen steht, was viele die große Liebe nennen. Hut ab vor so viel Optimismus! Ich habe in meinem Bekanntenkreis haufenweise Menschen, die viel Unverständnis in ihrer Beziehung entdeckten. Sie alle haben sich gerieben, füreinander gekämpft, Kompromisse gewagt, Paartherapien begonnen und beendet. Keiner von ihnen hat es sich leicht gemacht. Und am Ende haben sie sich dann doch alle getrennt. Unverständnis heißt eben, dass man sich nicht wirklich versteht. Dass die beiden Pfeiler einer Brücke einfach zu weit auseinanderstehen, um eine stabile Verbindung dazwischen herzustellen.

Das klingt brutal, ich weiß. Und ich sage auch nicht, dass man bei jedem kleinen oder mittelgroßen Problem sofort den Schwanz einziehen soll. Um Himmels willen, für die Liebe hat man zu kämpfen! Aber in schwersten Ausnahmezuständen, wenn gar nichts mehr geht, muss man sich hinsetzen und ganz nüchtern und logisch nachdenken. Mit brutaler Direktheit. Man könnte sich einen Zettel nehmen und es aufschreiben: Was ist für mich in einer Beziehung unverzichtbar?

Wenn eine auf absolute Treue geeichte Frau mit einem Mann hadert, der partout regelmäßig Sex mit einer anderen Frau haben muss, hat das Paar keine Chance. Eine lebenshungrige, offene Frau, die gern flirtet, clubbt und Spaß hat, kann nicht mit einem Mann glücklich werden, der eifersüchtig jeden ihrer Schritte beäugt und der Meinung ist, eine Beziehung sei pure Zweisamkeit, in der für andere Menschen kein Platz ist. Ein Mann, der unbedingt Kinder will, kann sein Leben nicht mit einer Frau verbringen, die keinen Nachwuchs haben möchte.

Sie müssen für sich selbst entscheiden, wo die Kompromissbereitschaft endet. Seien Sie nicht unflexibel, geben Sie ruhig mehr nach, als Sie es eigentlich wollen – aber verraten Sie nicht das, woran sie glauben, wovon Sie träumen und was für Sie die Quintessenz eines erfüllten Lebens ist. In einer mittelmäßigen Beziehung herumzueiern, die leidlich funktioniert, aber nicht wirklich glücklich macht – das ist traurig.

Was tun, wenn Geld zum Problem wird?

Sie sagt: Machen wir uns nichts vor: Geld ist eines der ganz großen Themen zwischen Mann und Frau. Laut einer Umfrage des Meinungsforschungsinstituts Forsa drehen sich 80 Prozent der Auseinandersetzungen in Partnerschaften um die Finanzen. Geld wird in einer Beziehung natürlich zum Problem, wenn zu wenig davon da ist. Oft stecken hinter Streitereien ums Bare allerdings auch andere Probleme, etwa wenn einer von beiden glaubt, dass die Anerkennung für sein Handeln fehlt, für seine Leistungen innerhalb der Beziehung, für ihn selbst. Hier drei klassische Situationen:

Fall 1. Sie bekommt eine Gehaltserhöhung, er nicht. Jetzt verdient sie womöglich sogar mehr. Die Folge: Er fühlt sich nicht mehr anerkannt von der Welt und irgendwie auch von ihr, weil sie rein theoretisch seine Haupternährerrolle in Frage stellt. Was tun? Die Sache nicht an die große Glocke hängen und ihm zeigen, wie nützlich er ist – bei Reparaturen zum Beispiel oder bei wichtigen Entscheidungen wie Autokauf, Wohnungssuche und so weiter. Ein Mann muss das Gefühl der Nützlichkeit haben. Das hat er, wenn er die Erfahrung macht, dass die Frau trotz ihres Verdienstes nie all ihre Probleme allein mit ihrem Geld regeln könnte (etwa indem sie einfach neue Dinge kauft).

Fall 2. Dem einen sitzt das Geld locker in der Tasche, der andere hat seins fest im Griff. Irgendwann glaubt der Sparer, dass der Verschwender ihn nicht nur hängenlässt mit den gemeinsamen finanziellen Belastungen, sondern auch weniger in eine gemeinsame Zukunft investiert. Also: Er fühlt sich in seinen Bemühungen für die Beziehung nicht anerkannt. Was tun? »Umerziehungsversuche sind zwecklos«, schreibt Frank Naumann in »Die 10 Geheimnisse ewiger Liebe«. »Diese Haltung prägt sich schon im Kleinkindalter in unumkehrbarer Weise aus.« Entscheidend sei, so der Kommunikationstrainer, detaillierte Regeln für den Umgang mit dem Geld auszuhandeln. Experten wie die Management-Trainerin Dr. Ulla Sebastian empfehlen zum Beispiel die »Drei-Konten-Lösung«: Das gemeinsame Konto trägt die gemeinschaftlichen Ausgaben, auf dem jeweils eigenen kann der eine sparen und der andere abheben, so viel er will.

Fall 3. Er arbeitet, sie kümmert sich um Haus und Kinder. Eine feine und faire Sache, wenn sich beide gegenseitig für ihre Arbeit achten und wertschätzen. Sobald allerdings einer das Gefühl hat, seine Leistung (Ich schufte hier im Büro für die Familie, trage alle Kosten, und nie sagt sie danke schön. Ich schufte hier zu Hause für die Familie, trage den ganzen Alltagsstress, und nie sagt er danke schön.) werde vom anderen nicht anerkannt oder gar explizit abgewertet, wird dieser Mangel nicht selten übers Bare ausgetragen. Hier ist eine »Drei-Konten-Lösung« ebenfalls keine schlechte Idee. Der Mann zahlt dann auf das Konto der Frau eine Art Gehalt für ihre Arbeit im gemeinsamen Heim ein, davon überweist sie wiederum einen Teil auf das gemeinsame Konto. Je großzügiger die Beträge sind, desto besser werden sich beide fühlen.

In jedem Fall ist die beste Lösung: harte Beziehungsarbeit. Dem Partner sagen, was wirklich fehlt. Oder ihm geben, was er braucht – mehr Aufmerksamkeit, mehr Achtsamkeit, mehr Wertschätzung. Und mehr Toleranz, Gelassenheit und Humor, weil das in einer Beziehung unbezahlbar ist.

Er sagt: Geld ist doof. Weil man's haben muss. Und weil's nie wirklich genug ist. Selbst Multimillionäre jammern noch, wenn man ihnen ihrer Meinung nach ungerechtfertigt viel Steuern abknöpft oder das neue Corvette-Modell viel teurer ist als das Corvette-Modell vom letzten Jahr.

Geld ist doof, weil es mehr Ärger als Spaß macht. Klar: Man kann sich tolle Sachen dafür kaufen. Vorausgesetzt natürlich, man hat, nachdem man die Energieversorgungs-Blutsauger, Versicherungs-Parasiten, Miethaie und Bank-Egel gefüttert hat, überhaupt noch etwas für schöne Sachen übrig. Aber viel öfter sorgt Geld für Krieg. Im Großen (Sie glauben nicht wirklich, dass die US-Regierung im Irak Menschenrechte erkämpfen will, oder?) und im Kleinen. In der Familie. Im Freundeskreis. Und, ja, leider auch in der Beziehung.

Ein Teilaspekt der Geld-Streitereien zwischen Mann und Frau hat sich dabei zwischenzeitlich immerhin weitgehend erledigt: Dass Männer darunter leiden, wenn ihre Partnerinnen genauso viel oder gar mehr verdienen als sie, ist selten geworden. Die Zeiten sind hart, und nur die unsichersten, komplexbeladensten und erbärmlichsten Herren der Schöpfung freuen sich nicht über erfreulich hohe, vom Weibe herangeschaffte Ziffern auf dem gemeinsamen Kontoauszug.

Merken Sie was? Ich habe gemeinsamen Kontoauszug geschrieben, während Jurate in vielen Fällen ein Drei-Konten-Prinzip empfiehlt.

Ich kenne tatsächlich langjährige Paare, ich kenne sogar Ehepaare, die mit weitgehend getrennten Kassen leben. Ich verstehe die Argumentation dahinter, ich durchschaue die Logik – aber es widerstrebt mir zutiefst. Da sind Menschen, die tauschen alles aus: Körperflüssigkeiten, Liebesschwüre, das eine oder andere Geheimnis. Sie teilen auch eine Menge miteinander: ihre Träume, ihre Gefühle, ihre Gedanken. Aber bei so etwas Blödem wie Geld begeben sie sich dann plötzlich in getrennte Ecken des Raumes, umklammern ihre Schätze und zischen sich giftig an. Was sind denn das für Prioritäten?

Ja, ich argumentiere hier mit naivem Idealismus. Schuldig. Ich bin ein ewiger Hippie. Ich kann »Hair« komplett mitsingen. Und deshalb finde ich es zutiefst deprimierend zu wissen, dass viele Paare sich tatsächlich wegen Geld trennen. Es bricht mir mein kleines humanistisches Herz. Deshalb appelliere ich an dieser Stelle dringend an alle Beziehungskontrahenten, die sich um Geld streiten, tief in sich zu gehen und darüber nachzudenken, ob es das wirklich wert ist. Ob es nicht irgendeinen simplen Kompromiss gibt, mit dem man diesen unnützen Ärger ausräumen kann. Es gibt doch wirklich Wichtigeres! Versuchen Sie, sich zu einigen! Irgendwie!

Wenn's aber trotzdem nicht klappt, wenn Sie sich ungeachtet aller energischen diesbezüglichen Versuche nicht auf gemeinsame Kaufgewohnheiten, Sparvorsätze und Aufteilungsschlüssel einigen können, dann vergessen Sie zähneknirschend mein romantisches Plädoyer und hören Sie auf Jurate. Es ist ja sinnvoll, was sie schreibt. So ist es nun mal auf der Welt und zwischen den Menschen.

Aber ich finde das doof!

Weshalb ist der Haushalt plötzlich ein großes Thema?

Sie sagt: Es ist eine Sache der Wahrnehmung: Frauen sehen Wollmäuse in den Zimmerecken, Kartoffelschalen auf dem Küchenboden, Haarknäuel im Abfluss. Männer nicht. Dass die ihren Blick auf Großes richten, ist angeblich eine Einrichtung der Natur. Sie sparte laut einer Studie der Uni Hagen bei Männern mit den Hormonen Oxytocin und Serotonin, die entscheidend dafür sind, den Kleinkram überhaupt zu sehen.

Zum biologischen Manko gesellt sich bei vielen die Erziehung. »Manche haben einen niedrigen Standard, was die Ordnung im Haushalt angeht, andere sind in traditionellen Haushalten groß geworden, in denen sie einen Vater als Vorbild hatten, der selbstverständlich nicht gespült oder geputzt hat, weil dafür die Mutter zuständig war. Somit finden sie es ganz normal, wenn ihre Partnerin nach einem anstrengenden Arbeitstag auch noch die zweite Schicht im Haushalt arbeitet, während sie sich selbst Freizeitaktivitäten zuwenden«, schreiben Bierhoff und Rohmann in »Was die Liebe stark macht«. Das heißt in der Praxis: Männer müssen zum Putzen frühzeitig erzogen worden sein oder sie lernen es wohl nimmermehr.

Was tun? Sex-Verweigerung? Schlagen? Erpressen? Ich putze mein Zeug lieber selber. Viele Frauen stellen ja von Anfang an ein Klima der Nachgiebigkeit her und nehmen den Staubwedel selbst in die Hand, bevor es Unfrieden gibt. Das lassen sich die meisten Männer natürlich gerne gefallen. Statt freiwillig umzudenken, flüchten sie sich in die Selbsttäuschung: Bei einer Studie des Allensbach-Instituts im Auftrag der Firma Vorwerk behaupteten 55 Prozent der männlichen Befragten, dass sie den Frauen das Putzen im gemeinsamen Heim überlassen, weil »sie es besser kann«. Eva Hermann würde ihnen bestimmt recht geben. Aber Eva Hermann redet viel Quatsch. Freiwillig ernst mit der häuslichen Arbeitsteilung macht ein Mann oft allenfalls beim Kochen, wenn er den Kochlöffel in die Hand nimmt und sich zu kreativen Höhenflügen aufschwingt. Dafür erwartet er nichts weniger als Kniefälle. Was das bisschen Geschirr und Schmutz angeht – das ist doch schnell weggemacht (nicht von ihm).

Ich kannte mal einen, der sich nach dem Kochen sogar von sich aus dazu bereit erklärte, abzuspülen. Er stellte sich dabei aber so dumm an, dass ich ihm bald alles aus der Hand riss und es allein zu Ende brachte. Das war weniger Arbeit, als danach seinen zusätzlichen Dreck wegzumachen. Mich störte das nicht, denn andere Dinge an ihm waren mir wichtiger: dass er mir nach einem harten Tag zuhörte, mich zum Lachen brachte, meine Tränen trocknete, die ganze Technik in meiner Wohnung in Schuss hielt. Zu sehen, was der Mann für das Beziehungsglück tut, und nicht nur darauf zu schauen, was er nicht tut, bringt die partnerschaftliche Welt oft schnell wieder in Ordnung.

Er sagt: Ein Mann kann drei Stunden putzen und schrubben, den Müll wegbringen, die Geschirrspülmaschine ein- und ausräumen, das Katzenklo generalüberholen, die hartnäckige Kruste vom Backblech scheuern, unter dem Bett alle Wollmäuse töten, die Staubnetze von der Zimmerdecke wedeln und die komplette Wohnung saugen und feudeln. Wissen Sie, was seine Frau, wenn sie abends nach Hause kommt, zu ihm sagen wird: »Der Kühlschrank sieht aus wie Sau. Da sind überall Saftflecken in der Getränkehalterung.«

Frauen haben eine selektive Wahrnehmung. Sie sehen nicht nur den Kleinkram, der uns Kerlen viel zu läppisch erscheint. Sie nehmen leider prinzipiell auch alles zur Kenntnis, was wir nicht oder ihrer Ansicht nach nur unzureichend erledigt haben. Jeder Mann weiß es: Frauen kann man es im Haushalt nie recht machen. Geht einfach nicht. Es ist schlicht unmöglich. Wir werden regelmäßig angenörgelt und zusammengefaltet, ganz gleich, ob wir nun unser Bestes gegeben oder aber gar nichts getan haben. Nun raten Sie mal, welche Konsequenz wir daraus ziehen.

»Wenn du's so viel besser kannst, dann mach den Kram doch einfach selbst«, ist sicher einer der am häufigsten ausgesprochenen Sätze in Langzeitbeziehungen.

Doch nur die miesesten Chauvis leisten gar nichts im Haushalt. Die meisten von uns sind ja gar nicht so. Aber die Euphorie, mit der weibliche Wesen auf Bakterien-Großwildjagd gehen und Sankt Penibel, dem Schutzpatron der Kleinlichkeit, huldigen, dürfen sie von uns einfach nicht erwarten. Frauen sind der Meinung, ihre Vorstellung von Sauberkeit und Ordnung sei die einzig wahre und allgemeingültige. Doch wer sagt denn, dass jede verdammte Wohnung so aussehen muss, als ob jederzeit die Mitarbeiter von »Schöner Wohnen« hereinstürmen und losknipsen könnten? Wer hat festgelegt, dass Bücherstapel auf dem Fußboden böse sind und Töpfe auf der Spüle nicht länger als zwei Stunden lang abtropfen dürfen?

Männer tun ebenfalls Dinge, die man getrost zum Bereich »Haushalt« zählen darf: Regale andübeln, Ölwechsel machen, Gartenarbeit, Zierleisten anpinseln. Sie jonglieren mit Moltofill und Spaxschrauben, fieseln an der Haus-Elektrik herum, richten das WLAN-Netz ein, damit ihre Frauen bei Ebay pinkfarbene Sachen ersteigern können, reparieren Fahrräder und stellen von VHS-Aufnahme auf DVD-Rekorder um. Wird das anerkannt? Nö. Denn Frauen denken offenbar, das macht uns Spaß.

Wenn jeder mehr würdigt, was der andere leistet, und allgemein ein wenig mehr Flexibilität ins Spiel kommt, lässt sich so mancher Hauhaltsknatsch vermeiden. Und dann muss auch niemand das alberne Eva-Herman-Buch lesen.

Warum läuft im Bett nichts mehr?

Sie sagt: Da sind die Kinder, der Job, das Tennistraining, die Pokerkumpel, der Elternbeirat, die Steuererklärung, der schmerzende Rücken, die dauernde Müdigkeit. Am Samstag heißt es einkaufen gehen und aufräumen, am Sonntag Schwiegereltern besuchen und Kinderprogramm. Ein Langzeitpaar hat spätestens am Sonntagabend mehr Verlangen nach einer durchgeschlafenen Nacht als nach einer durchgevögelten. Und der Satz »Ach Schatz, lass mal, ich hab Kopfweh« ist oft der letzte, der vor dem Umdrehen geflüstert wird.

Ist es nicht verständlich, dass einem bei dem Stress schlicht die Lust vergeht? Oder widerspricht regelmäßiger Sex in einer Langzeitbeziehung dem biologischen Programm, weil Erotik und Leidenschaft nach erfolgreicher Fortpflanzung nicht mehr nötig sind? Fakt ist: Das erotische Desinteresse aneinander kommt bald. Bereits nach einem Jahr haben Paare Statistiken zufolge im Schnitt gerade mal zweimal pro Woche Sex. Laut einer Studie der Uni Göttingen kommt es bei 57 Prozent der Langzeitpaare sogar maximal einmal in der Woche zum Sexualakt, 17 Prozent tun es seltener als einmal im Monat. Die Diplompsychologin Ursula Nuber sieht im gemeinsamen Alltag den größten Lusttöter: »Woher soll ein Paar, das alles miteinander teilt, einander mehr Bruder und Schwester, Vater und Mutter oder Freund und Freundin ist, die prickelnde Erotik, die magnetische Anziehung, die begehrlichen Gefühle zaubern?«, schreibt sie in »Was Paare wissen müssen«. Wie man den Weg aus der verkehrsberuhigten Zone findet? Das Wichtigste ist zu erkennen, dass Sex in einer Langzeitbeziehung außerhalb des Schlafgemachs stattfindet. Einander immer wieder zu umgarnen und zu umarmen, aufmerksam zu sein und neugierig aufeinander, wirkt wie ein Aphrodisiakum. Lust lässt sich nicht planen, den anderen lustvoll behandeln dagegen schon.

Ansonsten kann man sich dem Thema nur beiläufig nähern, da zu viel Inszenierung den Erwartungsdruck statt die Erregung anheizt. Paartherapeutin Nuber rät zur unkonventionellen Offenheit, einfach mal spontan sagen: »Ich will dich, jetzt. Ich muss unbedingt sofort mit dir schlafen.« Das ist eine schöne Einladung und kein Zwang. Die amerikanische Sex-Expertin Lou Paget sieht einen vielversprechenden Weg, die Lustlosigkeit zu überwinden, darin, es »mit Sex zu probieren«, selbst wenn man sich nicht danach fühlt. Man hat ja immer zwei Möglichkeiten, wenn man zusammen im Bett liegt: sich voneinander wegdrehen oder aufeinander eingehen. Wer weiß, vielleicht ist es wie mit der Party, zu der man eigentlich gar nicht gehen wollte – man erlebt die aufregendste Nacht seit langem.

Er sagt: Wer sagt denn, dass im Bett gar nichts mehr läuft? Das ist kein Naturgesetz.

Ja, spätestens wenn die Zahl der gemeinsamen Jahre zweistellig ist, lässt die Quantität der sexuellen Zusammentreffen deutlich nach. Aber nicht zwangsläufig auch die Qualität. Man vögelt sich vielleicht nicht mehr tagtäglich quer durch die ganze Wohnung, aber wenn man aufmerksam bleibt, die Liebe immer noch authentisch ist und man nicht in Routine erstarrt, kann Sex in einer langjährigen Beziehung sogar besser werden. Entspannter, lockerer und, wenn man sich diesbezüglich bemüht, auch experimentierfreudiger.

Klar: Der Alltag kann einen durchaus mal erdrücken, die Lust temporär brachlegen. Aber komplett töten tut er sie nur dann, wenn man es zulässt. Nicht, wenn beide offen miteinander reden. Nicht, wenn beide immer noch das Bedürfnis verspüren, den anderen zu verführen. Wer kaum noch Sex hat, ist wahrscheinlich auch nur noch kaum ineinander verliebt. Da liegen dann zwei richtig gute Freunde nebeneinander im Bett. Wenn aus Liebespaaren quasi-platonische Kumpel werden, ist das okay. Wenn beide es so wollen. Doch wenn da noch eine emotionale Leidenschaft zwischen zwei Menschen flackert, dann müssen diese zwei Menschen den Rückenschmerzen, dem Schlafbedürfnis und dem Trott eben trotzen.

Sex ist keine bierernste Angelegenheit. Sex ist Spaß. Sex ist der schönste Blödsinn der Welt. Das wissen langjährige Paare oft viel besser als frischgebackene Genital-Kollaborateure. Sex ist toll, wenn man einander und sich selbst nichts mehr beweisen muss. Wenn man sich kennt. In jeder Beziehung. Alle Singles und Kurzzeitbeziehungshopper, die nachts angstschweißgebadet aus apokalyptischen Alpträumen über ausgetrocknete Langzeitpaare aufwachen, dürfen sich entspannen. Es gibt ein Liebesleben nach dem zehnjährigen Jubiläum. Und darüber hinaus.

Kennen Sie den »Buena Vista Social Club«? Diese munteren Greise, die Jazz spielen wie die Jungen, nein: besser als viele junge Spunde. Die immer noch höllisch grooven – weil sie eben lieben, was sie tun und wer sie sind. Weil sie einfach zusammenpassen. Diese leidenschaftlichen Langzeit-Virtuosen sollten uns allen ein Vorbild sein. Man muss sich eben nur vorher genau überlegen, mit wem man eine Combo gründet.

Warum passiert jetzt so leicht ein Seitensprung?

Sie sagt: Manchmal sind die Gründe für Untreue so normal, so menschlich, so unerwachsen und so unglaublich, dass man sich nur noch wundern kann. Hier ein paar davon.

1. Das Größte am Sex ist die Bestätigung, den anderen erobert zu haben. In einer langen Beziehung vergisst man dieses Wunder leider. Wenn man heimlich jemand Neues erobert, sollte man im Hinterkopf behalten, dass dieses Wunder in ein paar Jahren auch nur ein Mensch in Unterhosen sein wird.

2. Das Problem am Sex ist, dass zwei Menschen seine Bedeutung verschieden einschätzen. Dem einen genügt er ab und zu, der andere braucht ihn oft. Israelische Forscher haben ein Gen gefunden, das für die Libido eines Menschen verantwortlich sein soll, DRD4 genannt. Interessant. Nur, wie löst man es, wenn beide womöglich verschiedene Varianten des Gens in sich tragen? Drückt der eine dann gelegentlich beim anderen ein Auge zu? Weiß nicht.

3. Viele Männer und auch nicht wenige Frauen sagen, dass sie einen Unterschied machen: Es gibt diejenigen, mit denen sie schnellen Sex haben, und den Menschen, der ihnen alles bedeutet. Eine Affäre ist dann für sie wie ein Sahnehäubchen auf die wirklich richtige Beziehung. Sie schweigen und vergessen die Affären schnell wieder, weil sie ja echt glücklich sind mit der richtigen Person. Ich glaub's ja nicht.

4. Man will plötzlich wissen, was es auf dieser Welt sonst noch so gibt (siehe auch: Midlife-Crisis, männliche, nächstes Kapitel).

5. Sexuelle Unzufriedenheit kann, muss aber nicht der Grund für Untreue sein. Dahinter steckt oft ein emotionaler oder seelischer Mangel. Der Fremdgeher sucht beim Fremden das, was er beim festen Partner nicht hat – Geborgenheit, Aufmerksamkeit oder Bestätigung zum Beispiel. Aber wie konnte es überhaupt so weit kommen?

6. Wir leben heute deutlich länger als die Generationen vor uns. Doch so lange ist das Zusammenleben von zwei Menschen von der Natur eigentlich nicht vorgesehen, sagt der Evolutionsbiologe Karl Grammer. »Es ist bewiesen, dass die Beziehung von Menschen nur so lange hält, wie es dauert, eine Brut aufzuziehen, also drei bis sechs Jahre. Anhand der Scheidungsraten lässt sich feststellen, das viele Ehen dann tatsächlich beendet sind«, so der Verhaltensforscher. Was jedoch tun, wenn man sich ehrlich liebt und das Leben gern miteinander lebt, aber nicht mehr verliebt ineinander ist? Einige Paartherapeuten wie Michael Mary empfehlen ihren ratlosen bis verzweifelten Klienten, die Idee von lebenslanger Exklusivität zu überdenken, natürlich bei allem Respekt und mit gemeinsam festgelegten Grenzen. Die Amerikaner nennen es »Managed Monogamy«

und finden dafür lustige Begriffe wie »Over-the-Waist-Rule«, was bedeutet: Flirten, Knutschen, Sexchats und kein Koitus. Na klar.

7. Man hat von Anfang an alle Warnsignale überhört und sich auf eine Beziehung eingelassen, die nicht die wirklich richtige ist. Die Lösung kennen wir genau.

Und wie man einigermaßen korrekt mit Untreue umgeht? Darüber reden oder für immer schweigen? Beides kann richtig sein, sagt der Psychotherapeut Werner Schmidbauer in einem Interview mit der »Cosmopolitan«: »Eine erwachsene Beziehung beruht darauf, dass zwei erwachsene Menschen umsichtig miteinander umgehen.« Das sollte man nie vergessen. Besonders vor dem Fremdgehen.

Er sagt: Einer Studie des Kondomherstellers Durex zufolge betrügen mindestens genauso viele Frauen ihre Männer wie umgekehrt. So viel zum Mythos, dass Sex für Frauen immer auch eine tief emotionale Angelegenheit sei. Ich persönlich kenne mindestens genauso viele weibliche hedonistische Herumvögler wie männliche. Und das ist ja auch prima und gar kein Problem. Sofern man nicht in einer festen Beziehung steckt. Da wird jeder Bettensprung nämlich zum potentiellen Drahtseilakt.

Mag sein, dass es ein paar Leute gibt, die tatsächlich ohne jedes emotionale Problem mit der Promiskuität ihres Partners umgehen. Kann auch sein, dass »freie Partnerschaften« funktionieren können. Dazu kann ich nichts sagen. Für mich jedenfalls wäre derlei Geschlechtsorgan-Sharing die Hölle. Und auch das von irgendwelchen Amis propagierte »Over-the-Waist«-

Prinzip mag mir nicht einleuchten. Knutschen ist kein Fremdgehen? Hhm. Na ja, laut einer Umfrage halten ja auch 78 Prozent aller amerikanischen Teenager Blowjobs nicht für »richtigen Sex«.

Oder ist das so ein kleinkariertes Hetero-Ding? Viele (aber nicht alle) Schwule in meinem Bekanntenkreis sehen die Sache mit der Treue jedenfalls erheblich lockerer. Was die Rückschlüsse zulässt, dass a) das Bedürfnis nach Monogamie nicht zuletzt etwas mit konventionellem Rollenverhalten zu tun hat und b) ein Mann einem anderen Mann das Herumvögeln weniger übel nimmt als eine Frau das bei ihrem Partner täte. Wahrscheinlich deshalb, weil jeder Mann ja aus eigener Erfahrung weiß, dass der maskuline Homo sapiens arg triebgesteuert ist und seine Sexpartner in hormonell besonders prekären Situationen nicht mal besonders mögen oder attraktiv finden muss. Schneller Sex mit irgendeiner Frau kann für Männer so banal sein, wie mit einem Fremden am Tresen drei Bier zu kippen. »Es hatte wirklich nichts zu bedeuten, Schatz«, ist oft eine tatsächlich wahre Aussage. Ein blöder Satz ist es trotzdem.

Ja, die Vorstellung, hin und wieder mit einem anderen Menschen als dem eigenen Partner Sex zu haben, ist reizvoll. Wer das bestreitet, ist ein Heuchler. Die Frage, die man sich aber stellen muss, ist: Wäre solch ein Seitensprung den möglichen Ärger und Schmerz, den er hervorrufen könnte, wirklich wert? Denn machen wir uns nichts vor: Sex mit anderen Leuten ist in der Realität nicht immer so toll, wie man es sich zurechtphantasiert hat. Und selbst, wenn's super war: Spätestens fünf Minuten danach würde das gute Gefühl durch ein schlechtes Gewissen getrübt.

Wenn Sie dieses schlechte Gewissen nicht spüren, dann sind bei Ihnen nicht nur die Hormone durchgegangen. Dann stimmt etwas Grundlegendes in Ihrer Beziehung nicht.

Niemand ist heilig. Shit happens. Und deshalb stellt sich in vielen Beziehungen irgendwann die Frage: Soll man einen Seitensprung verzeihen? Simple Antwort: Ja. Auch wenn's schwerfällt. Allerdings nur, wenn's nicht zur Gewohnheit wird. Und wenn der Seitensprung offenbar nur eine Trieberleichterung, Affekthandlung, kurzzeitige Frust-Flucht oder Trunkenheits-Tat war. Multiple Seitensprünge mit immer demselben Partner haben dagegen den unangenehmen Geruch einer Parallelbeziehung und sind deshalb weit bedrohlicher für eine Partnerschaft als »bloß« ein unüberlegter Quickie.

Doch selbst wenn dem (männlichen oder weiblichen) Seitenspringer verziehen wird: Er sollte sich im Klaren darüber sein, dass er trotzdem einen Preis zu zahlen hat. Er genießt für sehr lange Zeit nicht mehr dasselbe Vertrauen wie vorher. Er muss mit einer ebenbürtigen Rache seines Partners/seiner Partnerin rechnen. Und er hat womöglich ein kleines bis mittelgroßes Stück seiner – im buchstäblichen Sinne – Liebenswürdigkeit verloren. Da ist emotionale Wiedergutmachung gefragt. Fühlbare Reue.

Ein Punkt allerdings ist nicht verhandelbar, keine Einstellungsfrage und zu alledem von dramatischer Wichtigkeit: Wir leben im Aids-Zeitalter, und wer unsafe fremdgeht, ist ein Schwein. Basta. Wer mit ungeschütztem Sex das Leben seines Partners riskiert, hat das Recht auf eine Beziehung verspielt. Schicken Sie ihn/sie in die Wüste. Ohne Trinkwasser. Auf Nimmerwiedersehen.

Warum wird die männliche Midlife-Crisis oft zum Super-GAU für eine Langzeitbeziehung?

Sie sagt: Ein Mann kann sich mit unglaublicher Hingabe auf seinen Status, auf die Macht und das Geld konzentrieren. Diese Leistungsfixiertheit lässt es ihn in seiner ersten Lebenshälfte oft sehr weit bringen, von außen betrachtet. Dann beginnt er, die Veränderungen zu bemerken: die jüngere Konkurrenz im Job zum Beispiel. Dass viele Ziele erreicht sind und er eher links und rechts als weiter nach oben schauen kann. Dass seine Kinder nicht mehr zu ihm aufsehen, sondern ihn seit neuestem schräg von der Seite angucken und er in ihren Gesichtern liest: so ein uncooler alter Sack. Das Ausmaß seiner Lage erblickt er eines Morgens plötzlich im Spiegel – seinen nun unübersehbar gealterten Leib. Vielleicht, weil er eine Brille verschrieben bekommen hat und das erste Mal seit Jahren wieder klar sieht. Wohin mit diesem Bauch? Wie den Hängehintern schnell wieder in Form bringen? Wo sind die Haare auf dem Kopf hin und warum sprießen so viele neue aus den Ohren und der Nase? Er merkt, dass er dabei ist, ein anderer zu werden. Nur hat er es dieses Mal nicht unter Kontrolle.

Ein Mann in der Midlife-Crisis kann nach innen schauen und sich mit unglaublicher Hingabe auf nichtmaterielle Dinge konzentrieren: auf seine Seele und seine Liebesfähigkeit, seine Kraft und seinen Mut, seine persönliche Entwicklung und Reifung. Aber ist es nicht leichter, einen Fluchtweg zu nehmen? Alkohol. Jugendliche Klamotten. Einen Zweisitzer. Eine Affäre. Gefährlich wird es, wenn seine Partnerin ihn bei seinen Jungen-Spinnereien nicht lässt. Er will ja trotz allem nicht weg von ihr, er will weg von sich selbst. Es ist oft das noch größere Problem, wenn die langjährige Partnerin glaubt, der Krisengeschüttelte habe sie satt, und selbst durchdreht – sich ebenfalls unpassende Dinge (kurze Röcke, Botox-Lippen, T-Shirts mit Aufdrucken) zulegt und den uncoolen alten Sack aus dem Haus jagt. Dabei braucht ein Mann in der Krise genau das am meisten: ein Zuhause. Einen Menschen, bei dem er sich verstanden und aufgehoben fühlt. Er braucht Komplimente, Bestätigung und viel Liebe. Lieben Sie ihn. Lieben Sie seine Midlife-Crisis. Dann gewinnen Sie auf der ganzen Linie. Egal ob am Ende mit ihm oder ohne ihn an Ihrer Seite. Sie gewinnen Erkenntnisse über sich selbst und wie Sie wachsen können an dieser Partnerschaft. Wie ehrlich es sich anfühlt, dranzubleiben, anstatt einen Fluchtweg zu nehmen. Das ist alles. Und es geht vorbei, immer.

Er sagt: Ach ja, die Midlife-Crisis. Kenn ich. Hab ich gerade. Ich habe sogar einen Roman darüber geschrieben: »Freilaufende Männer«. Herren in dieser Krise sind komisch, lächerlich, erbärmlich. Aber es ist eigentlich nicht fair, sich über sie lustig zu machen. Frauen mit PMS benehmen sich ja objektiv betrachtet auch zutiefst unlogisch und grotesk. Trotzdem sind wir nett zu ihnen. Denn sie leiden. So wie wir Männer Anfang vierzig darunter leiden, dass uns alles durch die Finger rinnt.

Es ist ein bisschen wie Abschied nehmen. Ein Teil von uns stirbt, wenn wir die zweite Lebenshälfte beginnen. Der Spaß- und Blödsinn-Anteil in unserem Leben wird zwangsläufig viel kleiner – und keine Frau wird je verstehen können, wie wichtig uns unser Blödsinn ist. Wir wollen nicht logisch sein! Wir hassen es! Wir wollen Unsinn machen, auf die Kacke hauen, spielen, spielen, spielen. Wir Vierzig-plus-Männer sind neidisch auf unsere Kinder, wenn sie auf Rockfestivals fahren, sich dort die Birne zukiffen und nachts in ihren 59-Euro-Zelten von Aldi mit irgendwelchen fremden Mädchen herummachen. Am liebsten wollen wir mitfahren. Aber das geht nicht. Wir sind ja alte Säcke. Wir müssen uns zusammenreißen.

Die Midlife-Crisis ist weniger schlimm, wenn man eine exzessive Pubertät hatte. Je wilder man lebte, als man noch wild leben konnte, desto besser. Je weniger man glaubt, versäumt zu haben, desto würdevoller und wackerer kann man seinen vierzigsten Geburtstag begehen. Irgendwann fangen wir Jungs an, zusammenzuzählen, mit wie vielen Frauen wir bislang Sex hatten. Okay, ein paar Damen rutschen einem durch, ein paar Namen fallen einem nicht mehr ein – aber je länger man zum Zählen braucht, umso besser. Jeder Vollrausch ist in der Retrospektive ein Pluspunkt, jede Drogenerfahrung kommt aufs Haben-Konto. Auf der Soll-Seite stehen dagegen Dinge wie: Warum bin ich damals bloß nicht mit auf diese Motorradtour durch Nepal gefahren? Kann ich das jetzt noch nachholen? Trotz meines Bandscheibenvorfalls?

Entweder leidet man als Midlife-Mann für ein paar Jahre einfach so vor sich hin, hat die eine oder andere Panikattacke und Sinnkrise, kriegt einen Fitness-Rappel und wird mit viel Mühe endlich die fünfzehn überschüssigen Kilo los, die man schon viel zu lange mit sich herumschleppt, nur um dann beim Blick in den Spiegel zu merken, dass man jetzt lediglich ein dünnerer alter Sack ist.

Oder man wird eine dieser erbärmlichen Kreaturen, die sich ums Verrecken ihre Jugend zurückholen wollen. Schon mal ein Harley-Davidson-Treffen gesehen? Ein Haufen bierbäuchiger, geheimratseckiger Endvierziger in absurden Lederklamotten auf röhrenden Motorsofas, die ernsthaft glauben, sie wären cool. Was für eine Freakshow. Andere typische Midlife-Crisis-Dödel sind unter anderem Cabrio-Fahrer mit Baseballkappen und dummen jungen Mausis auf dem Beifahrersitz. Langweilige Bürohengste, die sich plötzlich ein Tattoo machen lassen wollen. Kerle, die fünfunddreißig Jahre lang keinen Sport getrieben haben und dann plötzlich für den Ironman trainieren. Graumelierte Versicherungsvertreter, die sich bei Ebay eine E-Gitarre kaufen und »mal gucken wollen«, ob sie immer noch die Riffs hinkriegen, die sie als Siebzehnjährige in ihrer Amateurpunkband geschrammelt haben.

Die Frau eines Midlife-Crisis-Mannes hat es nicht leicht. Sie hat es sogar schwer. Ihr Männe ist noch viel mimosiger als sonst und leistet sich allerlei absurde Ausfälle. Er betreibt plötzlich grenzmanisch neue Hobbys oder Sportarten. Er scheint ihr zu entgleiten. Tatsächlich aber braucht er sie dringender denn je: Männer mit Midlife-PMS wollen gehätschelt werden, brauchen ganz viel Bestätigung, Komplimente und – last but not least – guten Sex. Ihr größter Alptraum ist es nämlich, zu einem dieser grauen, asexuellen alten Herren zu mutieren, die ihnen tagtäglich mit grantiger Ehefrau und Hackenporsche auf dem Gehweg entgegenkommen.

Frauen, die jetzt frischen Wind ins Sexleben bringen, ausgetretene Pfade verlassen, ihren Partner spüren lassen, dass auch Menschen, denen die ersten Haare aus den Ohren wachsen, noch richtig geile Dinge im

Bett (und in ihrem Leben an sich) anstellen können, verkürzen dessen Midlife-Crisis enorm. Solche Frauen sind die beste Kur gegen den Alterungs-Blues. Denn Männer, die sich auf das freuen können, was noch kommt, haben kein so großes Problem mehr damit, das loszulassen, was hinter ihnen liegt.

Wie mache ich mich immer wieder interessant?

Sie sagt: Es ist ganz einfach: Ich werde dem Richtigen immer sagen, was ich denke, und immer danach handeln, wie ich mich fühle. Ich werde ihm manche Dinge über mich nie erzählen, weil sie nichts mit uns zu tun haben. Ich werde nicht alles mögen, was er mag, und nicht erwarten, dass er es tut. Ich werde nie damit aufhören, mit ihm über alles zu reden und zu lachen. Ich werde immer versuchen zu verstehen, warum er irgendetwas macht, wie ich es nie machen würde. Ich werde immer so viel und so lange arbeiten, wie ich will, und manchmal erwarten, dass er mir etwas kocht, während ich am Schreibtisch sitze und über Geschichten nachdenke. Ich werde zusehen, dass ich noch viel mehr Freunde und Freundinnen finde, als ich jetzt habe, weil mich das reich macht und ich nicht immer nur mit ihm zusammen sein kann. Ich werde immer an uns glauben, egal wie viele Zweifel ich zwischendurch habe, denn es sind meine Zweifel, nicht unsere. Ich werde mich nie künstlich rarmachen, denn ich bin etwas Rares. Ich werde nie Spielchen mit ihm spielen, selbst wenn das ganze Leben ein Spiel ist. Und ich werde nie aufhören, heute tolle Sachen und tolle Dummheiten zu machen, morgen über sie zu staunen oder zu weinen und übermorgen über alles zu lachen, damit ich am Ende meines Lebens sagen kann: Es war eine erfüllte Zeit.

Kurz: Ich werde immer eine echte Frau sein und darauf vertrauen, dass der Richtige in meiner Gegenwart ein echter Mann sein möchte. Alles andere ist wahnsinnig langweilig.

Er sagt: Vielleicht ist die Fragestellung nicht ganz richtig. Vielleicht sollte es heißen: »Wie mache ich unsere Beziehung immer wieder interessant?«

Weder Sie noch Ihre Partnerin sind Clubanimateure, die dazu verdonnert sind, immer neue Fun-Spiele zu erfinden. Sie sind keine Entertainer, die in regelmäßigen Abständen neue Kunststücke und Shownummern einstudieren müssen. Sie sind nicht Hans Magnus Enzensberger. Niemand erwartet von Ihnen, dass Sie ständig sensationell kluge Sachen sagen. Das Einzige, was Sie hinkriegen müssen, ist, in Ihrer Zweisamkeit nicht in Routine zu erstarren. Und dazu braucht man vor allem eines: Sie müssen schätzen, was Sie haben. Sie dürfen Ihre Beziehung nicht als Selbstverständlichkeit nehmen. Freuen Sie sich über das Glück, das Sie hatten, als Sie Ihre Partnerin fanden. Auch wenn's schon einige Jahre her ist. Und, ach ja: Dann müssen Sie es ihr natürlich auch noch zeigen. Dass sie ein Geschenk des Schicksals ist, über das Sie immer noch selig sind. Und dass Sie mit ihr leben, nicht neben ihr.

Das Bedürfnis nach Überraschungen, Veränderungen, Spontaneität und Romantik ist bei jedem Menschen unterschiedlich groß. Ein Paar, das sich nur zu gern jedes Jahr dieselbe Ferienwohnung in demselben

Ferienort mietet und dort bei der Bestellung in seinem Lieblingsrestaurant immer nur unter drei verschiedenen Gerichten variiert, hat weniger Bedarf an aufregenden Gesten, verblüffenden Momenten und erstaunlichen Offenbarungen als ein rastloses Powerpaar, das die ganze Welt entdecken will.

Doch auch stille Wasser können mehr als knöcheltief sein. Lassen Sie sich etwas einfallen. Immer mal wieder.

Das ist zugegebenermaßen leichter gesagt als getan. Auch ich gestehe zähneknirschend, dass mir nach all den Jahren mit meiner Süßen schon ein paar Überraschungs-Durststrecken passiert sind. Oft sind der Kopf und der Terminplan so voll, dass wir in unserem Verhalten temporär wie ein Team am Arbeitsplatz und nicht wie zwei verliebte Menschen funktionieren. Es ist nicht leicht, romantisch zu sein, wenn man gleichzeitig zwei Kinder, einen Job und ein Haus, das scheinbar an allen Ecken auseinanderfällt, zu balancieren hat. Doch liebevolle Gesten, witzige Überraschungen und gefühlvolle Bekenntnisse müssen auch nicht an der Tagesordnung sein. Sie dürfen eben nur nicht gänzlich verschwinden.

Emotionale Aufmerksamkeit ist außerdem nur eine Seite der Medaille. Ebenso wichtig ist, dass man sich selbst zumindest in Nuancen immer mal wieder verändert, sich ausprobiert, etwas riskiert. Das beginnt bei Äußerlichkeiten, die man ruhig mal variieren sollte, und reicht bis zu einschneidenden Ereignissen wie beispielsweise einem Jobwechsel.

Hängen Sie nicht die ganze Zeit wie Kletten aneinander, machen Sie auch mal etwas allein. Etwas Neues, etwas (zumindest für Sie) Ungewöhnliches. Ihre Partnerin freut sich, wenn Sie ihr nicht jeden Abend dieselbe Grütze erzählen (oder gar nicht mehr mit ihr reden, weil es eben nichts Neues zu erzählen gibt), sondern wenn es neuen verbalen Input gibt. Reisen Sie. Erweitern oder verändern Sie Ihren Bekanntenkreis. Treten Sie einer Theatergruppe bei. Ganz im Ernst: Blättern Sie mal im Verzeichnis Ihrer lokalen Volkshochschule. Sie haben ja keine Ahnung, was man alles ausprobieren kann! Je mehr Sie Ihren Horizont erweitern, umso tiefer kann Ihre Partnerin in Sie hineinblicken.

Probieren Sie neue Sex-Varianten, so etwas ist auch nicht unwichtig. Lesen Sie mal eine andere Art von Buch, als Sie sonst konsumieren. Lassen Sie um Himmels willen öfter mal den Fernseher aus. Das Programm ist doch eh größtenteils Schrott.

Eigentlich ist es ganz simpel: Wenn Sie Ihr eigenes Leben interessanter gestalten, macht Sie das auch als Mensch bemerkenswerter. Und wenn Sie als Mensch interessanter sind, findet Sie automatisch auch Ihre Partnerin spannender. Das wiederum macht Ihre Beziehung aufregender, fester und liebevoller. Das Kunststück ist bloß, diese Tatsache nicht zu vergessen.

Literatur

Behrendt, Greg u. Tuccillo, Liz: Er steht einfach nicht auf dich. Warum Frauen nie verstehen wollen, was Männer wirklich meinen. Blanvalet, 2006

Bierhoff, Hans-Werner u. Rohmann, Elke: Was die Liebe stark macht. Die neue Psychologie der Paarbeziehung. Rowohlt Taschenbuch Verlag, 2005

Carter, Steven u. Sokol, Julia: Nah und doch so fern. Beziehungsangst und ihre Folgen. Fischer Taschenbuch Verlag, 2000

Eco, Umberto: Wie man mit einem Lachs verreist und andere nützliche Ratschläge. dtv, 1995

Fein, Ellen u. Schneider, Sherrie: Die Kunst, den Mann fürs Leben zu finden. Piper, 1999

Fisher, Helen: Warum wir lieben. Die Chemie der Leidenschaft. Patmos, 2005

Gaschke, Susanne: Die Emanzipationsfalle. Erfolgreich, einsam, kinderlos. C. Bertelsmann, 2005

George, Nina: Der Weg der Kriegerin. Die neuen Waffen der Frauen. Droemer, 2003

Gottmann, John M.: Die 7 Geheimnisse der glücklichen Ehe. Ullstein, 2005

Gray, John: Männer sind anders. Frauen auch. Mosaik bei Goldmann, 1998

Gray, John: Mars sucht Venus. Venus sucht Mars. Goldmann, 2000

Grünewald, Stephan: Deutschland auf der Couch. Campus, 2006

Grymes, Peg: Die Romantikfalle und wie Frauen sich daraus befreien. Edition Ebersbach, 1998

Hegmann, Eric: Dating Regeln – So finden und fesseln Sie die große Liebe. Goldmann, 2004

Horx, Matthias: Wie wir leben werden. Unsere Zukunft beginnt jetzt. Campus, 2005

Kast, Bas: Die Liebe und wie sich Leidenschaft erklärt. S. Fischer Verlag, 2004

Kaufmann, Jean-Claude: Der Morgen danach. UVK-Verlag, 2004

Lee, John Alan: The colours of love. Prentice Hall, 1976

Mary, Michael: Fünf Wege, die Liebe zu leben, Hoffmann und Campe, 2002

Naumann, Frank: Die 10 Geheimnisse ewiger Liebe. Krüger, 2003

Nuber, Ursula: Was Paare wissen müssen. 10 Grundregeln für das Leben zu zweit. Krüger, 2005

Paget, Lou: Die perfekte Leidenschaft. 365 Tipps und Techniken, die sie und ihn verrückt machen. Mosaik bei Goldmann, 2005

Perel, Esther: Wild Life. Die Rückkehr der Liebe. Pendo, 2006

Schnarch, David: Die Psychologie sexueller Leidenschaft. Klett-Cotta, 2006

West, Anne: Erste Hilfe für Verliebte. Die besten Tipps für leidenschaftlichen Sex, rauschende Romantik und ein Leben voller Liebe. Knaur, 2005

Woldarek, Eva: Den richtigen Mann finden. Sechs Schritte zur passenden Partnerschaft. Fischer Taschenbuch Verlag, 2003

Zurhorst, Eva-Maria: Liebe dich selbst und es ist egal, wen du heiratest. Goldmann, 2004

»Eine politisch hinreißend unkorrekte Beziehungskistenfibel.«
Stern

Von den Autoren des Millionensellers *Warum Männer nicht zuhören und Frauen schlecht einparken*.

Nach ihrem phänomenalen Bestseller *Warum Männer nicht zuhören und Frauen schlecht einparken* erklären Allan und Barbara Pease hier auf ebenso amüsante wie spektakuläre Weise, was passiert, wenn aus Vertretern der so verschieden geprägten Geschlechter Paare werden. Die Kollision ist vorprogrammiert – außer wenn Frau und Mann das ihnen von der Natur zugedachte Repertoire an Finten und Finessen auch anwenden.

Warum Männer lügen und Frauen immer Schuhe kaufen
Ganz natürliche Erklärungen für eigentlich unerklärliche Beziehungen
ISBN 978-3-548-36662-3

ULLSTEIN

US153

»Ein weises Trainingsprogramm«
Die Zeit

»Slowing down« – das heißt abbremsen, zur Ruhe kommen, entspannen. Je mehr Streß und Hetze unser Dasein bestimmen, desto wichtiger wird die Kunst des Anhaltens und des bewußten Lebens im Hier und Jetzt. Erfahren Sie einen neuen Umgang mit Zeit und Geschwindigkeit, und entdecken Sie Ihr eigenes Tempo – mit mehr Gelassenheit, Frieden und Freude am Leben.

»Ein kluger Begleiter, der in jede Handtasche paßt. Romhardts Entschleunigungstheorie gibt Anregungen für mehr Gelassenheit und streßfreies Arbeiten.«
Für Sie

Slow Down Your Life
Vom Glück der Gelassenheit
ISBN 978-3-548-36859-7

ULLSTEIN

US224

Rache – fast so gut wie ein Orgasmus

Unsensible Partner, falsche Freunde, mobbende Kollegen, der lästige Sitznachbar im Flugzeug – es gibt so viele Zeitgenossen, denen man ihre Untaten am liebsten heimzahlen würde. Aber darf man das, zumal als Frau? Und ob – nur zu! Eliza Brandt zeigt Ihnen, wie man mit weiblichem Esprit gezielte Racheakte ausübt: vom kleinen Streich bis zur großen Vergeltung. Denn wer Rache nicht scheut, fühlt sich besser und hat mehr Spaß am Leben als mancher Gutmensch. Ein witziger, politisch herrlich unkorrekter Lebensratgeber.

»Superwitzig – ein Must-Have in jedem Giftschrank.«
Joy

Rache ist weiblich
Ein Handbuch für Frauen, die noch eine Rechnung offen haben
ISBN 978-3-548-36869-6

ULLSTEIN

US233